Floyd McClung

DIE HEILENDE KRAFT DER LIEBE

Floyd McClung

Die heilende Kraft der Liebe

Ins Deutsche übertragen
von Andrea Gleiß

ONE WAY VERLAG WUPPERTAL UND WITTENBERG

Die Deutsche Bibliothek – CIP-Einheitsaufnahme
McClung, Floyd:
Die heilende Kraft der Liebe
[Übers. aus dem Amerikanischen von
Andrea Gleiß]
Wuppertal; Wittenberg: One-Way-Verl., 1996
(Reihe: JMEM Edition 600032)
Einheitssacht.: The Healing Power of Love <dt.>
ISBN 3-927772-86-0

Titel der Originalausgabe:
The Healing Power of Love

Übersetzt aus dem Amerikanischen von Andrea Gleiß
Covergestaltung: InDeMa, Essen, Anja Neumann
Gesamtherstellung: Schönbach-Druck GmbH, Erzhausen
Reihe: JMEM Edition 600032

Printed in Germany

2. Auflage 1996

ISBN 3-927772-86-0

Dieses Buch wurde auf chlor- und säurefreiem Papier gedruckt.

Für
David Boyd
Lynn Green
Murray Kilgour
Gordy McDonald
John Goodfellow

Vielen Dank für eure Freundschaft!

INHALT

1

Schmerz und seine Kraft

Schmerz übt eine schreckliche Macht über das Leben von Menschen aus – manchmal ist diese Macht so stark, daß sie das ganze Tun des Menschen, seine Einstellungen und seine Überzeugungen beherrscht. Die Macht des Schmerzes ist die verborgene Antriebskraft im Leben der meisten Menschen, selbst derer, die sich selbst für heil und „normal" halten. Psychologen behaupten, daß die „Schmerzvermeidung" zu den stärksten Trieben des Menschen gehört.

Vor einigen Jahren lernte ich eine junge Studentin kennen, in deren Leben die Wirksamkeit dieser Macht deutlich sichtbar war. Sharon erzählte mir, daß ihr Freund einen „schlechten Charakter" hätte. Sie bat mich um Rat, wie sie die Beziehung zu ihm beenden könne. Auf die Frage, warum sie sich denn überhaupt mit diesem Mann angefreundet habe, erklärte sie: „Ich glaube, daß ich für die guten Männer nicht gut genug bin."

„Wie kommst du auf den Gedanken?" wollte ich wissen.

Daraufhin erzählte mir Sharon von ihrer Mutter. Soweit sich Sharon erinnern konnte, hatte ihre Mutter immer nur negativ von sich selbst gesprochen, was für eine schlechte Mutter sie sei und was für ein schlechter Mensch und daß sie überhaupt ein Versager sei. In ihrer Ehe habe sie versagt, bei ihrer Arbeit sei sie erfolglos gewesen, ebenso in der Schule, und auch als Tochter habe sie versagt.

Sharon hatte diese Art des negativen Bekennens von ihrer Mutter so gründlich übernommen, daß sie schließlich zu der Überzeugung kam, eine schlechte Person zu sein. Sie konnte sich selbst nicht leiden, ja sie haßte sich regelrecht. Alles in ihr sträubte sich gegen den Gedanken, gute Menschen könnten sie lieben oder für wertvoll halten; sie glaubte, daß sie, wenn überhaupt, nur von schlechten Menschen Annahme erfahren könne. Sharon war sich dieser Selbstwahrnehmung nicht bewußt, aber sie war völlig von ihr durchdrungen.

Bei ihrer Suche nach einem Freund fiel ihre Wahl auf einen jungen Mann, der in der Schule immer nur negativ auffiel; immer wieder war er in Streitereien verwickelt, wurde oft aus dem Unterricht geschickt, trank und war schon mehrfach im Gefängnis gelandet. Sharon hoffte, daß dieser junge Mann, der selbst so viele Probleme hatte, sie vielleicht lieben würde. Sie fühlte sich auf unerklärliche Weise zu ihm hingezogen und hatte die vage Hoffnung, daß er sie nicht abweisen würde.

Das Selbstbild der jungen Frau war so schmerzbehaftet, daß sie sich bewußt mit Menschen zusammentat, deren Leben nur aus Problemen bestand – sie wurde von der verzweifelten Hoffnung getrieben, daß sie von solchen Menschen nicht abgelehnt werden würde. Sharon entwürdigte sich selbst, um den Schmerz ertragen zu können.

Dies gelang ihr offensichtlich nicht.

Vor einigen Jahren kam ein befreundeter Geschäftsmann mit seiner Frau zu Sally und mir in die Seelsorge.

Die beiden hatten große Eheprobleme. Der Vater der Ehefrau war Alkoholiker gewesen, und seine Kommunikation in der Familie hatte vorwiegend aus Schweigen bestanden. Wenn die Tochter den Vater für etwas um Erlaubnis bat, was er nicht gutheißen konnte, verstummte er einfach und weigerte sich, auch nur ein Wort zu sprechen. Im Lauf der Jahre wurde die Tochter übersensibel für die nonverbalen Signale ihres Vaters: ein Blick der Augen, ein Heben der Augenbrauen, das Übereinanderschlagen der Arme. Diese Zeichen bekamen für sie ein großes Gewicht, weit über das hinaus, was die Körpersprache eines Vaters in einer normalen Familiensituation bedeutet.

Der Mann, den sie heiratete – jener Geschäftsmann –, besitzt irische Vorfahren. Er ist sehr extrovertiert und kontaktfreudig. Da seine Frau jedoch alles, was er macht und unternimmt, zeichenhaft überbewertet, waren die dreizehn Ehejahre für sie die reinste Hölle. In den ganzen Jahren hatte sie an ihrem Zorn gegen ihren Vater festgehalten. Nie hatte sie zugeben können: „Ich hatte einen schlechten Vater. Er hat mich manipuliert. Sein Verhalten gegen mich war unfair." Der angestaute Zorn hatte sich gegen ihren Mann gerichtet. Ihre Beziehung beschrieb sie mit folgenden Worten: „Mein Mann, mein Mann – er hat Probleme." Sie konnte nicht zugeben, daß auch sie Verantwortung für die Beziehung trug. Denn dann hätte sie sich dem Schmerz stellen müssen, der mit der Beziehung zu ihrem Vater verbunden war.

Die Reaktion meines Freundes auf die Not seiner Frau war auch nicht gerade hilfreich. Er pflegte zu sagen: „Sie manipuliert mich. Sie achtet mich nicht. Sie hat große Probleme." Auch er weigerte sich, Verantwortung für die Eheprobleme zu übernehmen.

Die Not hat seine Frau zum Alkohol getrieben. Aus einem Glas Wein sind vier, dann acht und schließlich zehn oder zwölf Gläser pro Tag geworden. Mein Freund steht hilflos dabei und sieht zu, wie seine Frau zur Alkoholikerin wird und dem Beispiel ihres Vaters folgt. Selten einmal wagt sie, sich zu öffnen und einen Schrei nach Hilfe loszulassen: „Ich bin so verletzt. Ich weiß auch nicht, was los ist. Kannst du mir nicht helfen?" Doch er weist sie dann nur auf ihr Verhalten hin. Er erkennt nicht, daß es der Schmerz ist, der sie zur Flasche treibt. Sie wagt weder den Problemen ihrer Ehe ins Gesicht zu sehen noch der Beziehung zu ihrem Vater und sucht nun Trost im Alkohol.

Dieses Ehepaar ist in einem Teufelskreis gefangen: Er kritisiert ihr Verhalten, sie wird immer neu verletzt und zieht sich zurück; daraufhin kritisiert er sie erneut und verstärkt ihren Schmerz. Die Ehe befindet sich in einer Abwärtsspirale. Die beiden Ehepartner versuchen den Schmerz dadurch zu bewältigen, daß sie sich gegenseitig die Schuld zuschieben.

Aber das funktioniert natürlich nicht.

Vor einiger Zeit kam eine junge Studentin zu mir in die Seelsorge. Sie war eine lebhafte junge Frau, extrovertiert und fröhlich; sie konnte jeden zum Lachen bringen und hatte für jede Situation den passenden Witz. Niemand ahnte, wie sie sich fühlte, sobald sie allein war.

Sie litt unter schrecklicher Einsamkeit und fühlte sich entsetzlich allein und verlassen. Ihre größte Angst bestand darin, daß Menschen ihr nahekommen, sie dann jedoch wieder verlassen würden. In ihrer Familie war das ein vertrautes Muster: Es gab Zeiten, in denen sie eine große emotionale Nähe empfand, doch dann erlebte sie wieder Verlassenheit. Ihr Vater hatte sich mehrfach mit anderen Frauen auf und davon gemacht; normalerweise kehrte er nach einigen Tagen oder Wochen wieder zurück und flehte um Vergebung. Sie hatte Angst, dasselbe noch einmal zu erleben, wenn andere Menschen zu nah an sie herankamen. Sie befürchtete, daß die anderen sie wieder verlassen würden.

Man hatte fast den Eindruck, ihre fröhliche extrovertierte Persönlichkeit diene dazu, andere Menschen auf Abstand zu halten. Niemand hätte je vermutet, wie verletzt sie innerlich war. Bei den Seelsorgegesprächen flossen viele Tränen. Sharon war eine schöne Frau, besaß ausgesprochene Führungsqualitäten, und jedermann hatte Achtung vor ihr. Trotzdem war sie wie gelähmt von dem Schmerz, der sie regelrecht zu zerstören drohte.

Einmal sprachen wir mit ihr über das Gebet. Sie glaubte einfach nicht, daß Gott sie erhören würde. Manchmal gab es Tage, an denen sie sich zutiefst von Gott geliebt fühlte. Sie las dann in der Bibel, hielt ihre persönliche Andacht, und es ging ihr bestens. Doch dann wieder geriet sie in große innere Not und fragte sich, ob Gott sie wirklich liebe. Sie glaubte, etwas getan zu haben, aufgrund dessen Gott sie verlassen hatte.

Ein anderes Mal saß ich mit ihr nach einem Picknick auf einer Parkbank. Sie schluchzte herzzerreißend. Durch eine Flut von Tränen bekannte sie: „Ich habe solche Angst. Ich fühle mich so allein. Das weiß niemand.

Ich habe so große Angst, das ehrlich zuzugeben. Ich habe Angst, daß ich dann abgelehnt werde."

Sharons Angst hatte sogar Auswirkungen auf ihre Beziehung zu Gott. Sie betete um Klarheit für ihre Zukunft, doch gleichzeitig hatte sie schreckliche Angst, Gott um deutliche Führung zu bitten. Sie konnte einfach nicht glauben, daß sie Gott wichtig war und daß Er zu ihr reden würde. Der Schmerz der Ablehnung lähmte sie. Sie versuchte den Schmerz dadurch zu bewältigen, daß sie ihn hinter einer fröhlichen, extrovertierten Fassade verbarg.

Aber es funktionierte nicht.

In den langen Jahren meines Dienstes in den Vereinigten Staaten sowie im Ausland ist in mir die Erkenntnis einer unumstößlichen Wahrheit gewachsen: Wenn wir die Heilung von Schmerz nicht bewußt bei Gott suchen, dann suchen wir sie an einem anderen Ort. Ununterbrochen begegnen uns tausend und abertausend dieser „anderen Orte" und versprechen uns Sicherheit, Sinn, Hoffnung und Trost.

Aber nichts davon hilft. Sie werden niemals helfen.

Schmerz kommt unerwartet

Wir planen weder, daß uns Schmerz begegnet, noch wünschen wir, Schmerz zu erfahren. Selbst wohlmeinende Freunde können uns Schmerz zufügen. Ironischerweise erleben wir häufig gerade bei den Menschen, die wir für wahre Freunde halten, die größten Enttäuschungen.

Vor nicht allzu langer Zeit lernte der kleine Joshua Harris vor dem Haus seiner Großmutter in Loveland, Colorado[1], einen neuen Freund kennen. Der zweieinhalbjährige kleine Junge streckte seine Hand aus und wollte eine Schlange streicheln. Noch bevor ihn die Großmutter daran hindern konnte, schnellte die Schlange vor und biß sich mit ihren spitzen Giftzähnen in Joshuas nacktem Arm fest.

Man brachte Joshua sofort in das nahegelegene Krankenhaus und lieferte ihn auf der Intensivstation ein. Dort bekam er zunächst ein Gegengift und wurde dann operiert. Nur wenige Augenblicke nach dem Biß war der Arm bereits doppelt so dick angeschwollen, und die Hand verfärbte sich grün. Wenn Joshua nicht sofort ärztlich behandelt worden wäre, hätte er sterben müssen.

Genauso ist es mit dem Schmerz. Er kommt angeschlichen wie eine Schlange, fällt uns an und beißt sich fest. Er *tut weh.* Wenn er nicht rechtzeitig behandelt wird, kann er großes Leid verursachen und sogar den Verlust des Lebens bewirken.

Schmerz ist etwas Schreckliches und kann unglaubliche Folgen nach sich ziehen. Schmerz kann unser Verhalten beherrschen. Wenn wir an einer seelischen Wunde leiden, kann der daraus folgende Schmerz uns bewegungsunfähig machen und unser Handeln bestimmen. Das bedeutet nicht, daß wir uneingeschränkt Gefangene des Schmerzes sind, aber er kann fraglos zu einer beherrschenden Kraft in unserem Leben werden.

Schmerz kann Einfluß auf die Art haben, wie wir uns selbst sehen. Aufgrund von Schmerz beginnen wir,

Lügen über uns zu glauben. Der kleine Junge oder das kleine Mädchen, das sich durch die Scheidung seiner Eltern verlassen fühlt, fragt sich, ob es daran schuld ist, daß Papa und Mama sich nicht mehr lieben. Ein Erwachsener, dessen Vater Alkoholiker war, spürt großen Zorn und Ärger und kann diesen weder verstehen noch beherrschen. Ein Mensch mit Eheproblemen empfindet Bitterkeit, überträgt diese Empfindung auf sein Selbstwertgefühl oder zweifelt an seiner eigenen Beziehungsfähigkeit. Manche Menschen führt das zu der Schlußfolgerung, ein Versager zu sein oder sogar dazu, sich selbst als Ursache des Problems zu betrachten.

Schmerz kann auch dazu führen, daß der Betroffene auf eine Art und Weise Erleichterung sucht, die seinen Schmerz nur noch verstärkt. Eine Frau kam zu mir in die Seelsorge, die einen regelrechten Männerhaß besaß. Sie besuchte einen Hauskreis, las regelmäßig in der Bibel und zeigte Interesse an geistlichen Dingen. Doch jedesmal, wenn ein Mann sie verärgerte oder ihr Verhalten oder Äußerungen von ihr in Frage stellte, wurde sie zur Furie. In ihrer Ehe war sie schon seit Jahren die Dominierende. Sie wurde regelrecht von ihrer Angst vor Männern getrieben.

Sie wuchs in einer Gemeinde auf, in der sehr strenge Ansichten herrschten. Ihr Vater und auch die Gemeindeleiter waren gesetzlich und autoritär. Diese Haltung prägte den Geist des jungen Mädchens und verletzte sie tief. Eine positive Beziehung zu einem Mann würde sicherlich sehr dazu beitragen, daß sie Heilung im Blick auf die Angst vor Männern erfahren könnte. Doch läßt sie keinen Mann nah genug an sich heran, um jene Liebe zu erfahren, die sie so dringend benötigt.

Millionen von Menschen verbringen ihr ganzes Leben damit, nach Liebe und Heilung zu suchen, ohne zu verstehen, was sie treibt. Sie suchen verzweifelt nach Heilung, merken dabei jedoch nicht, daß sie von etwas beherrscht werden.

Wir Christen stehen im geistlichen Kampf gegen einen sehr realen Feind, der uns Schmerz zufügt. In der Bibel wird Satan als Verursacher eines Großteils des Schmerzes beschrieben, den es in unserer Welt gibt (siehe Joh 8:44, 1 Petr 5:8). Und gleichzeitig bietet Satan uns falsche Wege zur Heilung und „Auswege" für den von ihm verursachten Schmerz an.

Der Schmerz wirkt sich auf alles aus: auf unsere Beziehungen, unsere Überzeugungen, unsere Einstellung zu Gott, unser Vertrauen zu Ihm, wie wir die Bibel betrachten und was wir aus den Worten anderer Menschen heraushören und was nicht. Der Schmerz hat Auswirkungen auf alle Bereiche unseres Lebens. Wenn wir nicht lernen, den Schmerz auf Gottes Art zu bewältigen, wird er unser Leben beherrschen.

Verschiedene Arten von Schmerz

Menschen erleben die unterschiedlichsten Arten von Schmerz. Zunächst einmal ist da der *körperliche* Schmerz. Körperlicher Schmerz hat Auswirkungen auf unsere Beziehungen. Er beeinflußt auch das Bild, das der unter Schmerz Leidende von Gott hat. Obwohl das Thema dieses Buches nicht körperlicher Schmerz und körperliche Heilung durch Gott ist, soll dennoch erwähnt werden, wie beherrschend körperlicher Schmerz sein kann. Wenn Sie sich schon einmal den Zeh am Bett gestoßen, sich mit einem Hammer auf den Daumen geschlagen, die Hand in einer Autotür geklemmt oder sich mit einem Küchenmesser geschnitten haben, dann kennen Sie die unmittelbaren Folgen eines hämmernden, alles durchdringenden Schmerzes.

Dabei muß ich unweigerlich an meine Tochter Misha denken. Sie leidet zur Zeit an einer schweren Erkrankung mit dem Namen Myalgia Encephalomyelitis (auch Fibro Myalgia genannt). Sämtliche Gelenke und Muskeln verursachen einen starken Schmerz. Seit Monaten muß sie immer wieder zu starken Schmerzmitteln greifen, durch die sie jedoch sehr benommen ist. Einige Ärzte meinen, daß die Schmerzen durch eine Viruserkrankung ausgelöst sind und durch Streß verschlimmert werden.

Misha versucht den Schmerz so gut wie möglich zu ertragen, doch es gibt Tage, an denen sie unfähig ist, irgend etwas zu tun. Ob sie will oder nicht, der Schmerz beherrscht manchmal ihr ganzes Leben. Es ist schrecklich für mich, zusehen zu müssen, ohne helfen zu können. Ich würde ihr sehr gern sagen, daß sie sich keine Sorgen machen soll, aber das klingt so banal. Sie will den Schmerz nicht, aber er ist da, tut weh und beherrscht sie.

Mishas Schmerz verdeutlicht, wie beherrschend Schmerz sein kann. Ihr Schmerz ist körperlicher Art, doch ihre Situation unterscheidet sich nicht wesentlich von *seelischen oder emotionalen* Schmerzen. Ein seelischer Schmerz kann so beherrschend sein, daß sämtliche Gedanken darum kreisen und der Betreffende seine ganze Aufmerksamkeit darauf richtet. Seelischer Schmerz kann sämtliche Kraft aufzehren, kann dahin führen, daß man nicht mehr objektiv reagiert und sich von anderen Menschen zurückzieht.

Die Komikerin Lily Tomlin sagte einmal: „Und da stehen wir dann ganz allein." In gewisser Weise hat sie recht. Viele von uns leiden unter Einsamkeit, Verlassenheit und Scham und werden von diesen negativen Gefühlen überwältigt.

Ein australischer Freund von mir erlebte als Siebenjähriger, wie seine Eltern von einem Einbrecher mit dem Gewehr bedroht wurden. Der Mann befahl dem Jungen, seine Eltern zu fesseln. Dieses traumatische Erlebnis von Gewalt prägte sein ganzes Leben. Als Folge davon entstanden in meinem Freund Schuldgefühle; er glaubte fälschlicherweise, an dem Verbrechen beteiligt gewesen zu sein. In Wirklichkeit jedoch war er von dem Einbrecher dazu gezwungen worden. Seine Schuldgefühle gründeten sich also auf falsche Anklagen, die er gegen sich selbst richtete.

Solche falschen Schuldgefühle lähmen Menschen oft und zwingen sie unter die Last einer nicht zutreffenden Verurteilung. Mein Freund versuchte, die Last dadurch von sich abzschütteln, daß er den ganzen Vorfall einfach leugnete. Er weigerte sich, daran zu denken. Das führte zu einer Art emotionaler Lähmung. Indem er das Gefühl der Angst und Schuld verdrängte, wurden auch alle anderen Gefühle betäubt. Er stellte fest, daß er nicht nach Belieben nur einige Gefühle ausschließen konnte.

Vielmehr erstarrte fast sein gesamtes Gefühlsleben. Ich sage bewußt *fast*, denn nur ein Leichnam ist völlig ohne Gefühle.

Der Damm, hinter dem die Gefühle aufgestaut waren, brach schließlich ein. Der Auslöser dafür waren Zornanfälle. Wir, die wir ihn kannten, waren schockiert über seinen plötzlichen Jähzorn. Eigentlich hatte er ein sehr freundliches Wesen und liebte seine Familie aufrichtig. Er ist ein guter Vater und Ehemann. Doch wenn man enger mit ihm zusammenlebte, wurde man Zeuge von gelegentlichen unbeherrschten Wutanfällen. Zum Glück sprachen einige seiner Freunde ihn immer wieder darauf an und stellten ihm Fragen, bis er sich schließlich öffnete und sich Stück für Stück jenen schmerzlichen Erinnerungen stellte.

Eine dritte Art des Schmerzes ist Schmerz in den *Beziehungen*. Enttäuschungen und Verletzungen in Beziehungen sind wahrscheinlich eine der Hauptursachen für Schmerz in unserem Leben.

Der Boxer Sugar Ray Leonard sprach einmal an der Harvard Universität und äußerte dort folgendes: „Ich halte mich für einen gesegneten Menschen. Auch ihr seid gesegnet, wir alle sind gesegnet. Wir sind alle mit bestimmten Gaben und Talenten gesegnet, die Gott uns gegeben hat. Meine Gabe besteht zufällig darin, andere zusammenzuschlagen."

Ich vermute, daß einige Menschen das für ihre Berufung halten; sie schlagen auf ihrem Weg rechts und links alle Menschen zusammen. Es gibt jedoch auch Menschen, die nur dann glücklich zu sein scheinen, wenn *sie* diejenigen sind, die zusammengeschlagen werden. Welchen psychologischen Begriff man zur Beschreibung solcher Beziehungen auch finden mag, unbestreibar ist, daß sie ungesund sind.

Manchmal kommt es auch vor, daß *wir* diejenigen sind, die anderen Menschen Verletzungen zufügen. Sich diesem Tatbestand zu stellen, fällt uns nicht leicht. Mir gefällt der Gedanke nicht, daß auch ich die Menschen, die ich am meisten liebe, verletze; doch es kommt vor.

Letztes Jahr, einige Wochen vor Weihnachten, machten Sally und ich einen wohlverdienten Urlaub. Sally wollte mir einiges von dem erzählen, was sie beschäftigte. Ich fühlte mich von ihren Worten angegriffen und begann mich zu verteidigen. Im selben Moment war die Kommunikation gestört. Sally erklärte, den Eindruck zu haben, ich höre ihr nicht zu; ich würde sie nicht ernst nehmen und wäre nicht offen für das, was sie mir mitteilen wolle. (Sie hatte in allen Punkten recht!) Ich *wollte* ihr nicht zuhören, weil ich dachte, daß sie mir vorwerfe, der Grund für ihre Probleme zu sein.

Später, als ich die Situation noch einmal überdachte, merkte ich, daß ich eine Überreaktion gezeigt hatte. Ich mußte schließlich vor mir selbst zugeben, daß ich meiner Frau nicht das Recht einräumte, mir von ihren Problemen zu erzählen. An diesem Punkt angelangt, wurde mir als nächstes deutlich, daß Sally gar nicht beabsichtigt hatte, mir die Schuld zu geben. Sie hatte einfach nur sagen wollen: „Floyd, dieses und jenes bereitet mir Probleme." Für sie war es sehr verletzend, daß ich mich geweigert hatte, ihr zuzuhören. Sie fühlte sich zurückgewiesen und verletzt, weil der Mensch, der ihr am nächsten stand, ihr anscheinend nicht bei der Lösung ihrer Probleme beistehen wollte. In biblischer Sprache ausgedrückt, hatte Sally den Eindruck, ich wolle nicht „ihre Last tragen".

Gegenwärtig kämpfe ich mit Problemen in der Beziehung zu einem meiner guten Freunde. Jedesmal, wenn wir miteinander reden, gibt es neue Verletzungen und Verwirrung. Worte sind im Moment nicht hilfreich; sie führen nur zu neuen Mißverständnissen. Wir halten beide an unserer Freundschaft fest und sind entschlossen, die Schwierigkeiten zu bewältigen. Unsere derzeitigen Probleme sind ein weiteres Beispiel dafür, daß selbst enge Freunde sich verletzen können. Schmerz in Beziehungen ist ein sehr realer und intensiver Schmerz und kann uns je nach Situation äußerst tief treffen.

Seelische Mauern und bittere Wurzeln

So schlimm Schmerz auch sein kann, unbewältigter Schmerz ist noch viel schlimmer. Unter anderem kann unbewältigter Schmerz zur Folge haben, daß wir Mauern gegen andere Menschen errichten.

Eine junge Frau kam zu Sally und mir in die Seelsorge. Sobald wir ihr Fragen stellten, schien sie eine Mauer gegen uns aufzubauen. Ihre Antworten klangen zunehmend vage und nebulös. Ihr Gesicht wurde ausdruckslos, ihre Stimme monoton, und ihre Augen erloschen regelrecht. Schließlich fragte ich sie: „Verbirgst du absichtlich einen Schmerz vor uns? Gibt es ein Problem, das du versteckst und über das du nicht sprechen willst?" Sie blickte mir in die Augen und sagte mit kühlem Ton: „Als ich sechzehn war, habe ich mir selbst etwas geschworen. Damals hat mich ein Freund sehr verletzt und mein Vertrauen mißbraucht, und ich habe beschlossen, nie wieder jemand so nah an mich herankommen zu lassen, daß ich noch einmal so verletzt werden kann."

Schmerz bewirkt, daß wir in Beziehungen vorsichtig werden und Mauern aufbauen. Doch nicht nur das, Schmerz führt auch leicht zu Bitterkeit. Wenn seelischer Schmerz nicht richtig behandelt wird, entwickelt er sich zu einer eiternden Wunde – genauso wie sich ein Finger, den wir uns in der Tür klemmen oder auf den wir mit dem Hammer schlagen, entzündet, wenn er nicht richtig behandelt wird. Solche Entzündungen haben zum Teil schwerwiegende Folgen. Eine solche „Wurzel der Bitterkeit" wird zum Verursacher zahlreicher weiterer Probleme in unserem Leben und zeigt sich in Härte, Kritiksucht, Rückzug, Rache, Haß, zerbrochenen Beziehungen, Mißtrauen, Argwohn und einer Fülle von anderen negativen Emotionen. Wenn wir uns weigern, dem Schmerz ins Gesicht zu sehen und ihn in rechter Weise zu behandeln, vergrößern sich die Probleme.

Manche Menschen werden zum Sklaven ihrer Schmerzen. Bitterkeit, Haß und mangelnde Vergebung werden zur stärksten Kraft im Leben dieser Menschen. Die einfache Tatsache, daß diese Menschen nicht bereit sind, mit dem Schmerz umzugehen, *wie sie es sollten,* macht sie zu Gefangenen hinter Mauern der Angst und des Argwohns. Sie werden Sklaven ihres eigenen Hasses, ihrer eigenen Bitterkeit. Jeden Menschen, jede Beziehung, jede Situation sehen sie durch eine bestimmte Brille – durch die Gitterstäbe ihrer Gefängniszelle, die sie sich selbst gebaut haben.

Aber so muß es nicht sein!

Niemand ist gegen Schmerz immun

Bevor ich aufzeigen möchte, wie wir Heilung von Schmerz erfahren können, müssen wir uns bewußt werden, daß Menschen ohne Schmerzen keine richtigen Menschen sind. Gefühlsmäßig „eindimensionale" Menschen, die sich gegen stärkeren Schmerz verschlossen haben und quasi desensibilisiert sind, machen den Eindruck von „halben" Menschen. Sie sind sozusagen nicht „hier". Jedenfalls sind sie ganz bestimmt *nicht da*, wenn man sie braucht.

Jeder normale Mensch erfährt irgendwann einmal seelischen Schmerz. Dieser kann durch eine Enttäuschung in einer Beziehung verursacht sein, durch das Gefühl des Verrats, wenn uns ein Freund im Stich gelassen oder ein Geheimnis ausgeplaudert hat, oder durch Kritik an unserer Persönlichkeit oder einen Angriff auf unseren Charakter. Es kann im Berufsleben geschehen, zu Hause, in der Schule, in der Kirche oder im Verein. Oft verursachen gerade die Menschen, die uns am nächsten stehen und die wir am meisten lieben, die größten Schmerzen. Je tiefer unsere Liebe, desto tiefer auch unsere Gefühle und entsprechend die Möglichkeit, von dem betreffenden Menschen verletzt zu werden.

Wie sieht nun die Lösung für diesen Schmerz aus? Gibt es überhaupt eine Hilfe? Jeder von uns erfährt Schmerz, die Frage ist nur: wie gehen wir damit um?

Wie sieht der nächste Schritt aus?

Es ist manchmal schrecklich, sich den eigenen Problemen zu stellen, besonders wenn diese mit seelischen Schmerzen verbunden sind. Aber eine nicht versorgte Wunde kann sich wie ein unbehandelter Krebs unbemerkt im Körper ausbreiten. Wir gehen vielleicht äußerst ungern zum Arzt oder Zahnarzt aus Furcht vor einer negativen Diagnose, aber das Problem löst sich nicht, wenn wir ihm ausweichen. Auch wenn das Öffnen einer Wunde oder das Ziehen eines Zahns zunächst schmerzhaft ist, handelt es sich um einen notwendigen Schritt zur Heilung. Wir können nur dann Erleichterung unserer Schmerzen erfahren, wenn wir uns diesen stellen und zugeben: „Ich habe ein Problem. Ich brauche Hilfe. Ich habe Schmerzen."

Dasselbe trifft auf *seelische* Verwundungen zu – den Schmerz, den wir fühlen, die Unsicherheit in verschiedenen Bereichen und die Angst, die uns die Kehle zuschnürt. Unser Zustand verbessert sich nicht dadurch, daß wir den Schmerz unbehandelt lassen.

Denken wir nur an die Studentin, die Stunden damit verbringt, sich vor dem Spiegel schön zu machen. Sie bemüht sich verzweifelt darum, attraktiv und sexy auszusehen – und doch ist sie nie mit sich zufrieden, obwohl viele junge Männer Interesse an ihr zeigen.

Oder denken wir an die junge Frau mit guter beruflicher Stellung, die alle Sicherheiten besitzt – trotzdem ist sie sehr hart im Umgang mit anderen Menschen, manchmal sogar ungerecht, ihre Persönlichkeit hat scharfe Kanten. Oder sehen wir uns einen erfolgreichen Geschäftsmann an. Er fährt einen BMW, besitzt ein Boot, einen eigenen Platz am Strand und bereist im Urlaub verschiedene Länder – doch unter der Oberfläche ist er ein getriebener Mensch, der ständig unter Druck steht und als Vater und Ehemann versagt. Es handelt sich hierbei nicht um erfundene Beispiele. Ich kenne solche Menschen persönlich.

Das Verhalten dieser Menschen und ihr Selbstbild ist von konkreten Ereignissen in ihrem Leben geprägt worden.

Die Studentin glaubt, sie wäre weniger hübsch als andere Frauen. Sie wird getrieben von dem Wunsch, schön zu sein, und kann kein Ja zu ihrem Aussehen finden. Die junge berufstätige Frau hatte eine lesbische Mutter, die in ihr negative Reaktionen auf Herausforderungen gefördert hat. Bis heute begreift sie nicht, daß durch diese Verhaltensmuster ihre Freunde abgeschreckt werden und Menschen von ihr Abstand nehmen. Der Geschäftsmann hatte einen Alkoholiker zum Vater, der schon früh die Familie verließ. Bereits als Kind beschloß der Junge, daß er nicht wie sein Vater werden wollte. Er wollte sich nicht unterkriegen lassen. Dieser Entschluß wurde zur treibenden, beherrschenden Kraft seines Lebens.

Vielleicht gleicht Ihre eigene Lebensgeschichte einer der hier dargestellten Geschichten. Vielleicht sieht sie auch vollkommen anders aus. Doch jeder von uns trägt seelischen Balast mit sich herum, der Einfluß auf unser Selbstbild und unser Verhalten hat. Manch einer hat sich an seine Wunden und das daraus resultierende Verhalten gewöhnt. Uns erscheint dieser Zustand normal. Wir reagieren wie die Wahrsagerin, die die Hand eines jungen Mannes betrachtete und erklärte: „Du wirst arm und unglücklich sein und viel Schmerz erleiden, bis du siebenunddreißig Jahre alt bist." „Und was geschieht dann?" fragte der junge Mann besorgt. „Dann wirst du immer noch arm, unglücklich und verletzt sein, aber dann hast du dich daran gewöhnt", erwiderte die Wahrsagerin.

Es gibt Menschen, die genau in dieser Weise reagieren. Sie finden sich mit einem Leben voller Schmerz ab und reden sich ein, daß sie dieses Kreuz tragen müssen. Die meisten von uns jedoch haben eine andere Einstellung. Wir gewöhnen uns *nie* an den Schmerz. Wir spüren ihn sehr tief. Das Problem ist nur, daß wir nicht wissen, wie wir ihn loswerden können.

Ob uns unser Schmerz nun bewußt ist oder nicht, unser Verhalten ist gleich: Wir wollen den Schmerz um jeden Preis vermeiden! Das ist vollkommen normal. Gott hat uns nicht geschaffen, um Schmerz zu erleiden. Deshalb weichen wir ihm aus – und suchen nach irgendeiner Form von Vergnügung, die den Schmerz lindert. Das geschieht zum Beispiel dadurch, daß wir nach Erfolg streben, perfektionistisch sind, die Menschen in unserer Umgebung tyrannisieren, Menschen angreifen, die uns verletzt haben, und indem wir uns zurückziehen. Es gibt noch tausend andere Taktiken zur Vermeidung und zum Aushalten von Schmerz.

Gott hat uns nicht geschaffen, um unter der seelischen Last von Scham, Schuld, Angst und Zorn zu leiden. Es war niemals Seine Absicht, daß diese Gefühle zu unserem Leben gehören sollten. Wenn wir diese Empfindungen nicht auf Gottes Weise bewältigen – auf die Weise, mit der Er Abhilfe schaffen will –, werden wir unweigerlich nach anderen Lösungswegen suchen, die jedoch niemals wahre Abhilfe schaffen können.

Das vorliegende Buch wurde mit der Absicht geschrieben, einige der falschen Lösungswege zur Schmerzbewältigung aufzuzeigen, vor allem jedoch, um darzustellen, was ich *die heilende Kraft der Liebe* nenne. Es *ist* möglich, Schmerz auf Gottes Weise zu bewältigen, dadurch den Schmerz zu überwinden und zu gesunden, aktiven, lebensbejahenden Menschen nach Gottes Bild zu werden.

Ich verfolge mit diesem Buch mindestens vier Absichten. Der folgende Abriß kann als eine Art Führer durch das Buch dienen. Ich habe *Die heilende Kraft der Liebe* geschrieben, damit wir:

1. ein besseres Verständnis vom Schmerz und seiner Kraft gewinnen, um unsere Einstellung und unser Verhalten kontrollieren zu können;
2. erkennen, wie wir auf ungeheilte Verletzungen und unbewältigte Angst reagieren und in welcher Weise wir durch das, was ich falsche Wege zur Heilung nenne, Schmerz leugnen oder ihm zu entfliehen suchen;
3. fähig werden, Gottes wahre, heilende Liebe zu erkennen und zu empfangen;
4. ausgerüstet werden, um anderen Menschen zu helfen, Gottes heilende Liebe zu empfangen.

Das nächste Kapitel stellt eine erste Station dar; es schildert, wie jeder von uns versucht, Schmerz zu vermeiden, und inwiefern dieses Bemühen die Heilung, die Gott schenken will, fördert oder hindert.

Dabei fällt mir ein, was Charlie Brown einmal zu seiner Freundin Lucy sagte: „Egal, wie groß das Problem ist, ich kann immer weglaufen."

Wer sich an Charlies Sprichwort hält, der wird unter Garantie weiteren Schmerz erleben.

2

Schmerz – nein danke!

Zwei Männer unterhielten sich. Der eine war groß, gutaussehend und muskulös; der andere schwächlich und unscheinbar; er fühlte sich immer unbedeutend und unwichtig. Der kleine Mann wünschte sich, groß zu sein, um Eindruck auf Menschen machen zu können. Er bewunderte die Körpergröße des anderen und sagte: „Wenn ich so groß wäre wie du, dann hätte ich vor nichts Angst. Ich würde in den Wald gehen, nach dem größten Bären suchen und ihn in Stücke reißen." Der große Mann schaute auf seinen kleinen Bewunderer hinunter und erwiderte: „Nun, es gibt auch viele kleine Bären im Wald."

Die Moral von der Geschicht: Ganz gleich, ob unsere Probleme groß oder klein sind, wenn es *unsere* Probleme sind, dann sind sie groß!

Ich unternehme oft Wanderungen in den Bergen von Colorado. Letztes Jahr im Oktober war ich mit meinem Sohn mehrere Tage in den Bergen von Sangre de Cristo im Süden unterwegs. Wir hatten unser Zelt drei Tage lang auf einer einsamen Wiese in einem Tal aufgeschlagen. Eines Morgens faßten wir den Entschluß, ein dichtes Waldstück am Rande des Tals zu erforschen. Wir benutzten einen von Tieren ausgetretenen schmalen Pfad und stießen plötzlich auf frische Bärenspuren. Etwa drei Stunden lang folgten wir diesen Spuren und gelangten schließlich zur Bärenhöhle.

Ehrlich gesagt hatte ich gemischte Gefühle, als wir den Spuren folgten, besonders, als die Spuren hinter einer Böschung verschwanden. Sicherlich, es war spannend, aber die Sache war auch nicht ungefährlich. Ich machte mir ernsthaft Sorgen, was geschehen würde, wenn wir Meister Petz persönlich gegenüberständen. Zur Erforschung der Höhle stieg ich auf einen Baum und lehnte mich von dort aus über den Felsvorsprung. Um meinem zwanzigjährigen Sohn meinen Mut zu beweisen, kletterte ich schließlich zum Höhleneingang hinunter. Ich hoffte, von dort aus besser in die Höhle blicken zu können und, da bereits Schnee gefallen war, daß der Bär schon im Winterschlaf lag. Dennoch wußte ich nicht, was mich erwartete, wenn ich in die Höhle am Berg schaute.

Mit den Problemen in unserem Leben ist es ähnlich. Wir wissen, daß wir uns ihnen stellen sollten. Wir wollen das auch. Wir wollen sogar andere Menschen mit unserer Bereitschaft, sich den Problemen zu stellen, beeindrucken. Aber wenn es dann tatsächlich soweit ist, dem Problem gegenüberzutreten, wissen wir auf einmal nicht mehr, ob wir dem Riesen wirklich begegnen wollen.

Als wir nach drei Stunden Wanderung bei der Bärenhöhle angelangten, war der Bär in meiner Vorstellung zu riesigen Ausmaßen angewachsen. Es half auch nicht gerade, zu wissen, daß es in dieser Berggegend sehr viele Bären gab. Im Frühjahr desselben Jahres hatte ich persönlich ungefähr vierzig Bären gesichtet, manche kamen sogar bis an unser Haus und wühlten in der Mülltonne an der Hintertür. Die Bärenhöhle erwies sich als leer, aber ich konnte nicht verhindern, daß ich einen Adrenalinstoß bekam, als ich hineinblickte. Hinterher wußte ich, daß meine Angst unbegründet gewesen war, aber das änderte nichts an meinen Gefühlen!

Ein grundlegender Trieb

Auch wenn ich fast zwei Meter groß bin und mehr als 110 Kilogramm wiege, muß ich zugeben, daß ich Schmerzen genausowenig mag wie die Vorstellung, in einen Bärenkampf verwickelt zu werden. Wie beim Aufspüren des Bären reicht allein schon der Gedanke an das Aufspüren der Ursache von Schmerzen bei mir aus, daß ich diese solange es irgend geht ignoriere. Meine Frau, die nur ein Meter achtundsechzig groß ist und weniger als die Hälfte meines Gewichts wiegt, bezeichnet mich manchmal als „Schmerzens-Feigling". Vor Jahren, als wir in Afghanistan lebten, erkrankte ich an Amöbenruhr und hatte schreckliche Magenkrämpfe. Meine Frau beugte sich über mich und erklärte, diese Schmerzen seien längst nicht so schlimm wie Wehen. „Steh auf", forderte sie mich auf. Doch ich glaubte, im Sterben zu liegen, und flehte sie an, sofort einen Arzt zu holen. Wie bereits gesagt, ich mag keine Schmerzen!

Schmerzvermeidung ist einer der grundlegendsten Triebe unserer menschlichen Natur, und bis zu einem gewissen Grad ist dies verständlich. Wenn ein Kind einen heißen Ofen berührt, tut es weh, und wir sagen dem Kind, es soll den Ofen nicht wieder berühren. Wenn ein Kind zum Spielen auf die Straße läuft und dabei unter ein Auto gerät, wird es diesen Vorfall sein Leben lang nicht mehr vergessen (natürlich nur, sofern es überlebt). Wenn wir körperlich verletzt worden sind, werden wir vorsichtig; dasselbe geschieht bei seelischen Verletzungen.

Gott hat uns mit der Fähigkeit geschaffen, körperlichen und seelischen Schmerz fühlen zu können. Wir versuchen automatisch, Schmerz und seine Ursachen zu vermeiden. Wenn wir uns jedoch weigern, uns mit unseren seelischen Schmerzen zu befassen, werden diese nur schlimmer.

Zwei Möglichkeiten, um Schmerz zu vermeiden

Wenn wir uns weigern, uns unserem Schmerz zu stellen, gibt es zwei Möglichkeiten: Entweder wir fliehen vor dem Schmerz oder wir überdecken ihn. Entweder wir ziehen uns zurück, verstecken uns und leugnen den Schmerz, oder wir entwickeln zwanghafte Verhaltensweisen in dem verzweifelten Versuch, unseren Schmerz zu verbergen.

Diese beiden Möglichkeiten – der Rückzug und das zwanghafte Verhalten – geben für viele Verhaltensweisen des Menschen eine Erklärung. Das können wir bereits im Garten Eden erkennen. Als Adam und Eva sündigten und Gott zu ihnen in den Garten kam, reagierten sie in den beiden beschriebenen Verhaltensmustern. Sie liefen fort (Rückzug), und sie nahmen Feigenblätter, um sich zu bedecken (zwanghaftes Verhalten). Das eine ist ein Verteidigungsmechanismus; das andere ein Trostmechanismus.

Zwanghaftes Verhalten zeigt sich normalerweise in Trosthandlungen und sinnlicher Befriedigung – zum Beispiel Essen, Alkohol, Drogen, Sex und Beziehungen, in denen eine negative Abhängigkeit besteht. Manche Menschen stürzen sich in Arbeit; sie tun alles, um Annahme zu erfahren und Erfolg zu erreichen. Solche Menschen haben ein zwanghaftes Verlangen, jedermann und alles, womit sie in Kontakt kommen, zu beherrschen. Manchmal sind sie auch Perfektionisten. Sie mühen sich darum, jede Arbeit hundertprozentig gut auszuführen, sich immer korrekt zu kleiden; sie strengen sich ununterbrochen an, arbeiten noch härter, um Annahme zu finden und ihre Sehnsucht unter Kontrolle zu haben. Wehe dem Menschen, der ihnen in den Weg gerät.

Robert McGee schreibt in dem ausgezeichneten Buch *The Search for Significance*: „Wer nicht zu ihrem Erfolg und ihrer Anerkennung beiträgt, stellt eine Bedrohung für ihr Selbstwertgefühl dar – eine unerträgliche Bedrohung. Diese Menschen können sehr sympathisch sein und viele ‚Freunde' haben, aber das Ziel dieser Beziehungen besteht meistens nicht darin, dem anderen Ermutigung und Liebe zu geben; die Freunde werden oft nur dahingehend manipuliert, den eigenen Erfolg zu verstärken. Das klingt vielleicht hart, aber Menschen, die unter Erfolgszwang stehen, benutzen häufig alles und jeden, um zu ihrem Ziel zu kommen."[2]

Das andere Verhaltensmuster als Reaktion auf Schmerz ist *Rückzug*. Man bemüht sich, Versagen und Mißbilligung durch andere zu vermeiden, und flieht vor

Situationen oder Menschen, von denen man sich bedroht fühlt. Das Verhalten von Menschen, die im Rückzug leben, ist von der Angst vor Ablehnung geprägt und von dem Wunsch, jede Situation zu vermeiden, die einen weiteren Schmerz oder erneutes Auftreten eines alten Schmerzes verursachen könnte. Solche Menschen suchen Kontakte zu Menschen, die ihnen Annahme und Trost vermitteln, nicht jedoch zu Menschen, die ihnen weiteren Schmerz zufügen.

Ein im Rückzug lebender Mensch vermeidet oder kritisiert Beziehungen, in denen eine seelische Offenheit erforderlich ist, oder die ihn mit nicht geheilten seelischen Schmerzen in Berührung bringen könnten. Ein solcher Mensch errichtet zum Teil kunstvolle Mauern, die ihn von Schmerz und Verletzungen aus der Vergangenheit abschirmen sollen; das kann sich sogar in einer „Super-Geistlichkeit" äußern. Der Mensch erscheint fromm und umgänglich, doch in Wirklichkeit flieht er vor jedem Menschen und jeder Situation, die sein seelisches Gleichgewicht stören könnten.

Bei den meisten von uns existiert eine Kombination dieser beiden Verhaltensmuster. Wenn wir uns sicher fühlen und Anerkennung besitzen, haben wir den Mut, herauszutreten, um etwas zu riskieren und etwas zu unternehmen. Aber Menschen oder Situationen, die uns Schmerz bereiten könnten, gehen wir aus dem Weg.

Wie immer wir es nennen, es ist das Fleisch

Die Bibel nennt die beiden beschriebenen Vermeidungstaktiken „das Fleisch". Alles, was wir tun, um Schmerz zu vermeiden, läßt sich unter eine der beiden Kategorien einordnen – ausgenommen natürlich eine echte Abhängigkeit von Christus. Auch wenn unser Verhalten von außen betrachtet gut erscheinen mag, so handelt es sich in beiden Fällen nur um verschiedene Arten der Schmerzvermeidung.

Der Apostel Paulus benutzt das Wort *Fleisch* auf verschiedene Weise. Im Römerbrief finden wir eine grundlegende Definition. In diesem Brief versucht Paulus zwei gegensätzlichen Gruppierungen – Juden und Heiden – zu zeigen, wie sich das Fleisch im Leben derer auswirkt, die an Christus glauben. Bei den Juden äußert sich das Leben im *Fleisch* darin, daß sie danach streben, das Gesetz zu erfüllen, bei den Heiden darin, daß sie ihren Wünschen nachgeben. Das eine ist ein religiöser Typus von Fleisch, das andere ein nicht-religiöser. Der eine versucht, Gottes Anerkennung zu verdienen, der andere lebt zur Befriedigung seiner eigenen Wünsche. Doch beide *leben im Fleisch.*

In Paulus' Denken *ist alles, was nicht ein Ausdruck vollkommener Abhängigkeit von Christus ist, ein Akt des Fleisches – der Versuch, das zu umgehen, was Christus für uns am Kreuz getan hat.*

Dieselbe Aussage findet sich auch im Galaterbrief. Nach meiner Theorie waren die galatischen Christen vor ihrer Bekehrung Heiden.[3] Paulus führte sie vom Götzendienst zur Erkenntnis Christi. Doch nachdem Paulus weitergezogen war, traten falsche Lehrer auf und erklärten sinngemäß: „Paulus hat euch das Evangelium verkündigt. Wie geht es euch seitdem? Habt ihr mit Problemen zu kämpfen, seit Paulus weitergezogen ist? Habt ihr in bestimmten Bereichen eures Lebens immer noch mit Sünde zu kämpfen? Wirklich? Das paßt. Das ist bei *allen* so, die sich durch Paulus bekehrt haben. Sie ringen ständig um den Sieg. Wißt ihr warum? Das liegt daran, daß Paulus euch nicht das ganze Evangelium verkündigt hat. Ihr müßt nicht nur an Jesus glauben, sondern auch den Gesetzen gehorchen."

Paulus erfährt schon bald von dieser Untergrabung seiner Verkündigung und schreibt zornentbrannt den Galatern einen Brief. „Im Geist habt ihr angefangen, wollt ihr's denn nun im Fleisch vollenden?" (Gal 3:3). Die Galater hatten einst im Götzendienst gelebt, dann waren sie durch die Gnade befreit worden, und nun kehrten sie zum Götzendienst zurück – nur war es diesmal eine religiöse Form des Götzendienstes. In Kapitel 2 und 3 des Galaterbriefs spricht Paulus über das Gesetz und vergleicht die beiden Formen des Fleisches; in Kapitel 5 und 6 spricht er davon, was geschieht, wenn man dem Fleisch nachgibt. Den Galatern waren beide Formen des Fleisches bekannt.

Ich will damit folgendes sagen: Weder das Befolgen religiöser Formen noch die Befriedigung unserer Leidenschaften und Wünsche wird uns Heilung für unsere Schmerzen bringen. Die Bibel nennt beide Versuche Fleisch, weil sie einen Ersatz für die Hilfe darstellen, die Gott bereitgestellt hat, und mit der er uns von unserem Fleisch erlösen will.

Alles, was wir zur Vermeidung von Schmerz, Streß,

zerbrochenen Beziehungen und Konflikten unternehmen, ist das Fleisch – es sei denn, wir wenden uns an Jesus. Es kann sich um eine religiöse oder eine sinnliche Form des Fleisches handeln; es kann Rückzug oder zwanghaftes Verhalten sein, trotzdem ist es Fleisch. Wie immer wir uns verhalten, solange wir nicht alles zu Christus bringen, solange wir unsere negativen Gefühle und unseren Schmerz, unsere eigene Sünde und die Sünde anderer gegen uns nicht in der Weise bewältigen, die Gott uns aufgezeigt und ermöglicht hat, enden wir im Fleisch. Das ist unvermeidbar.

Es ist sogar möglich, äußerlich unser Verhalten zu ändern und trotzdem nicht auf Christus zu vertrauen. *Es geht nicht nur allein um unser Verhalten.* Es gibt Menschen, die sich ein frommes Verhalten zulegen oder ihre Verhaltensweise ändern, doch trotzdem werden sie immer noch von dem Wunsch getrieben, Menschen zu beeindrucken, sich selbst etwas zu beweisen und Annahme zu erfahren. Sie suchen ihre Identität in *ihrem Tun.* Das alles steht im Widerspruch zu dem Vertrauen, daß wir in Christus Vergebung, Annahme und Identität haben. Ich will noch einmal wiederholen: *Alles andere, auf das wir unser Vertrauen setzen, es sei denn auf Christus, ist ein Akt des Fleisches; ich meine wirklich alles andere.*

Ganz gleich, ob wir aus einer guten oder schlechten Familie stammen, ob unsere Familie heil oder fehlgeleitet war, wir alle entwickeln fleischliche Verhaltensweisen. Ein biblisches Beispiel ist die Geschichte vom verlorenen Sohn. Die beiden Söhne reagierten auf unterschiedliche Weise auf den gleichen Vater. Manche Menschen sind wie der verlorene Sohn, der davonlief und versuchte, seinen Problemen zu entfliehen. Andere sind wie der ältere Bruder, der zu Hause blieb und sein Vertrauen auf sein Handeln setzte. Unabhängig davon, ob wir unser Vertrauen auf unsere religiösen Taten setzen oder unsere Probleme leugnen und vor ihnen davonlaufen, nach Aussage der Bibel handeln wir in beiden Fällen gleichermaßen nach dem Fleisch.

Die Wurzel sowohl des religiösen als auch des nicht religiösen fleischlichen Verhaltens besteht in einer grundlegenden Lüge. Diese Lüge besagt, daß wir unseren Wert, die Vergebung, die Bewältigung von Schuld, Angst oder Scham und unseren Lebenssinn darin finden, was wir tun oder lassen. Die Wahrheit ist jedoch, daß wir nur in der Liebe Jesu Heilung finden können. Aber damit greife ich voraus.

Wir versuchen, Schmerz durch Rückzug oder zwanghaftes Verhalten zu vermeiden. Das Problem besteht nun darin, daß diese Verhaltensweisen in einem seelischen Nährboden verwurzelt sind, der aus Angst, Scham, Schuld und Zorn besteht. Gott pflanzte den Baum des Lebens in den Garten Eden, doch unser Leben gleicht leider allzu oft einem Baum des Todes, der in einem Boden nicht geheilter seelischer Schmerzen eingepflanzt ist. Und leider bringt dieser Baum Früchte, die unserem Wunsch, Gott zu verherrlichen, entgegenstehen. Wir möchten Ihm gefallen, aber das gelingt uns nicht, weil noch zu viel Schmerz in unserem Leben vorhanden ist.

Wir wollen kurz auf vier Gefühle eingehen, die unserer Seele den Tod bringen. Ich bin davon überzeugt, daß diese vier Gefühle in jedem Menschen existieren und eine Folge unserer eigenen Sünde oder der Sünde anderer Menschen sind. Wie es auch sein mag, diese

Gefühle bringen schlechte Frucht hervor und bestimmen unser Verhalten und unsere Einstellung, wenn wir nicht auf Gottes Weise mit ihnen umgehen: Wir sollten uns ihnen sofort stellen und sie aus unserem Leben entfernen; wir sollten zugeben, daß wir diese Gefühle haben, die Verantwortung für sie übernehmen, den Menschen vergeben, die zur Entstehung dieser Gefühle beigetragen haben, und selbst Buße tun.

Vier Gefühle, die unserer Seele den Tod bringen

1. Scham

Scham ist ein Gefühl der Hoffnungslosigkeit; wir glauben nicht, daß wir uns ändern können, daß es eine Alternative für uns gibt. Dieses Gefühl ist ein Teil unserer Persönlichkeit und prägt unser Selbstwertgefühl. Wir denken: *So bin ich eben. Ich kann mich doch nicht ändern. Ich werde immer so sein.*

Scham führt zu einer passiven Haltung, zu Selbstmitleid, zu destruktivem Verhalten, zu Minderwertigkeitsgefühlen, zum Rückzug, Zorn gegen andere, Verlust der Kreativität und zu einer ungesunden Abhängigkeit von bestimmten Menschen. Menschen, die von Scham geprägt sind, kämpfen mit Hoffnungslosigkeit; sie kommen sich wertlos vor und betrachten sich als Versager. Sie fühlen sich schnell verdammt und im Stich gelassen und werden oft von dem Wunsch getrieben, andere dafür zu bestrafen, daß sie so schlecht über sich selbst denken. Menschen, die mit Scham zu kämpfen haben, neigen zu manipulativem Verhalten; sie gehen mit anderen so um, wie mit ihnen selbst umgegangen wurde. Solche Menschen haben eine fordernde Haltung und manipulieren andere in dem Wunsch, deren Verhalten zu bestimmen. Ein solches Verhalten basiert auf Scham.

Wenn wir unser Selbstwertgefühl auf Erfahrungen der Vergangenheit gründen – besonders auf negative Erlebnisse, bei denen andere uns herabgesetzt oder Forderungen an uns gestellt haben –, dann ist unser Selbstbild durchgängig auf ungesunde Weise an ein Gefühl des Versagens und der Scham gebunden. Menschen, in denen ein Gefühl der Scham vorherrscht, neigen sogar dazu, ihr Tun mit dieser Haltung der Hoffnungsloskeit zu entschuldigen. Die Folge ist, daß sie sich fortwährend für Versager halten. Tief im Innern fühlen sie möglicherweise Zorn als Reaktion auf Eltern, die in ihnen das Gefühl der Scham ausgelöst haben, und diesen Zorn äußern sie dadurch, daß sie andere Menschen in derselben Weise behandeln, wie sie behandelt wurden: sie manipulieren und stellen immer neue Forderungen.

An einem Montagabend kam ein Ehepaar zu mir in die Seelsorge. Der Mann ist ein tüchtiger und ehrgeiziger Unternehmer, doch in seinem Herzen kämpft er mit selbstgerechtem Zorn. Seine Frau ist eine außergewöhnlich sensible Person. Ich kenne nur wenige Frauen, die so gastfreundlich, gütig und romantisch sind wie sie.

In der Woche davor hatten sich die beiden heftig gestritten; drei Stunden lang hatte er sie beschimpft. „Wir sind am Ende. Es hat keinen Zweck. Es ändert sich nichts mehr“, erklärte die Frau.

Ich wandte mich an den Ehemann: „Gott hat dir diese wunderbare Frau gegeben. Du brauchst sie so sehr, und trotzdem verletzt du sie jedes Mal, wenn du den Mund aufmachst."

Mein Freund schmollte. „Ich kann sie einfach nicht zufriedenstellen", stöhnte er.

„Warte einen Augenblick", erwiderte ich, „entweder, du hast dich falsch benommen oder nicht. Entweder, du hast gesündigt oder nicht. Dazwischen gibt es nichts. Wenn du hart und zornig gegen sie warst, dann bist du schuldig. Wenn du schuldig bist, dann solltest du deiner Frau in die Augen schauen und sagen: ‚Ich habe gesündigt.' Schmollen hilft nicht weiter!"

Mein Freund war von dem Gefühl der Scham und der Verdammnis überwältigt, von der alteingeübten Haltung „Ich Armer", und das hinderte ihn an einem nüchternen Eingeständnis seiner Schuld. Kaum ein Christ leugnet, daß wir „vollkommen verdorben" sind; keiner sträubt sich gegen diese theologische Definition. Doch sobald es konkret wird, wehren wir uns dagegen, so schlecht von uns zu denken. Es stimmt, wir haben Probleme, und Jesus ist für diese Probleme ans Kreuz gegangen, aber wirklich schlimme Sünder sind wir nicht; unser Herz ist nicht so schwarz wie die Nacht.

Das Gefühl der Verdammnis hält uns von dem wahren Eingeständis unserer Schuld ab; die Umkehr wird nur halb vollzogen, und in uns bleibt das Gefühl von Scham und Wertlosigkeit. Eine von Gott gewirkte Überfühung jedoch bringt uns zu einer vollständigen Umkehr und hat eine positive Veränderung unseres Verhaltens zur Folge und nicht ein unbestimmtes Gefühl unserer Unwürdigkeit. Paulus schreibt: „Denn die

Betrübnis nach Gottes Sinn bewirkt eine nie zu bereuende Buße zum Heil; die Betrübnis der Welt aber bewirkt den Tod" (2 Kor 7:10).

Scham kann ein gesundes Gefühl sein, wenn es einem echten Schuldgefühl für echte Sünde entspringt. Doch wenn es sich um ein ständig nagendes Gefühl des Versagens handelt – wie eine Wolke, die über uns hängt und uns denken läßt: *„Ich bin ein Versager"* –, kann daraus ein äußerst ungesundes Leugnen unserer eigenen Verantwortung für unsere Sünde gegen andere entspringen. Und umgekehrt fühlen wir uns auf falsche Weise für Dinge verantwortlich, die in Wirklichkeit Folge der Sünden anderer Menschen sind. Das Gefühl der Scham verleitet uns dazu, keine Verantwortung für unser Verhalten zu übernehmen, mit dem wir andere Menschen – als Reaktion auf ihre Sünde gegen uns – verletzen. So setzen wir den Teufelskreis fort, der damit begann, daß unsere Eltern oder andere Autoritätspersonen sich entsprechend gegen uns verhielten. Selbst wenn das Gefühl der Scham der Sünde anderer Menschen gegen uns entspringt, gibt es nur einen Weg, wie die Macht dieses Gefühls gebrochen werden kann: Wir müssen Gott bitten, uns eine Offenbarung darüber zu schenken, wie wir andere Menschen auf fleischliche Weise manipulieren ... und eine Offenbarung darüber, wie sehr Er uns liebt und uns als Seine geliebten Kinder angenommen hat.

Ich erlebe dies in meiner Beziehung zu Sally. Wenn wir uns streiten und ich mich aufgrund meines Verhaltens bei diesem Streit als Versager fühle, verleitet mich das normalerweise dazu, meinen Schuldanteil nicht ehrlich einzugestehen. Übrigens, *wer in der Vergangenheit mißbraucht wurde, für den ist es besonders schwer, die Verantwortung für die eigene Sünde zu übernehmen, weil das in uns dieselben erniedrigenden Empfindungen weckt wie damals, als wir mißbraucht oder manipuliert wurden.*

Ich kenne junge Menschen, die von ihren „frommen" Eltern manipuliert wurden. Das Verhalten der Eltern war von einer verurteilenden Haltung geprägt, die Kinder wurden herabgesetzt und in ihrem Verhalten stark kontrolliert. Solche Menschen entwickeln eine Persönlichkeit, die vom Gefühl der Scham beherrscht ist. Bei manchen führt dies dazu, daß sie Haß gegen den Glauben oder gegen Gott empfinden. Bei anderen führt es dazu, daß sie andere Menschen in derselben Weise behandeln, wie sie behandelt wurden. Wieder andere hegen in sich einen starken Zorn und Feindseligkeit.

Menschen, deren Persönlichkeit von einem Gefühl der Scham geprägt ist, fühlen sich häufig als Versager, wenn sie an die Vergangenheit denken. Sie sind von einem Gefühl der Ablehnung durch ihre Eltern geprägt. Die Erinnerung an die Vergangenheit ist mit starken schmerzlichen Gefühlen verbunden. Sie haben den Eindruck, daß ihr Leben durch bestimmte Ereignisse fast völlig zerstört wurde, und haben das Gefühl, daß sie nie die Möglichkeit besaßen, richtig zu leben.

Deshalb habe ich meinen schmollenden Freund mit der Wahrheit konfrontiert: „Entweder, du hast dich falsch benommen oder nicht." Für ihn bedeutete dies eine Hilfe, weil er versuchte, sich in der grauen Mitte aufzuhalten und seine Schuld nicht einzugestehen: „Ich kann sie einfach nicht zufriedenstellen", und: „Ja, ich habe mich falsch benommen", aber: „Ist Gott denn nie zufrieden?" Während ich ihm zuhörte, dachte ich: *Das ist kein echtes Eingeständnis von Schuld. Es ist eine oberflächliche Umkehr. Seine Frau ist am Boden zerstört; sie hat von seinem Zorn erzählt und daß er häufig zornig wird. Entweder, er hat recht oder nicht.* Als ich ihm meine Gedanken mitteilte, öffnete er sich. Er erzählte von seinem Vater und wie dieser ihn als Jugendlicher behandelt, ihn moralisch unter Druck gesetzt und verspottet hatte, egal, wie sehr er sich auch anstrengte. Als ich ihm beschrieb, daß ein starkes Gefühl der Scham unserer Seele den Tod bringen kann, konnte er zum ersten Mal eingestehen, daß er häufig ein Gefühl der Scham empfand. Gerade für ihn als Mann war es schwierig, dieses Gefühl zuzugeben, aber er tat es.

Wir müssen zunächst erkennen, daß das Gefühl der Scham ein starker, motivierender Faktor in unserem Leben sein kann. Erst dann können wir zu dem Eingeständnis unserer wahren Schuld kommen, ohne das Gefühl zu haben, daß wir uns selbst verraten. Erst dann sind wir frei, uns an Gott zu wenden und einzugestehen: „Ich bin schuldig." Und erst dann haben wir Ohren, zum ersten Mal die Worte zu hören: „Dir ist vergeben." Der Sänger Michael Card drückte es in einem seiner ergreifendsten Lieder so aus: „Wir blicken unserem Richter in die Augen und sehen den Erlöser."

Das ist Gottes Antwort auf Scham: Er nimmt uns in Seine Familie auf und befreit uns von der Macht der Scham. Er erwählt uns und gibt Seinen Geist in uns, der uns davon überzeugt und uns immer wieder bestätigt, daß wir gewollt sind. Der Geist Gottes bezeugt unserem Geist, daß wir geliebt und gewollt sind (siehe Röm 8:16). Auf diese Weise wird das schmerzliche Gefühl der Scham von uns genommen.

2. Schuld

Das Gefühl der Schuld kann zu starker Angst, Entfremdung und Verwirrung führen. Manche Menschen reagieren auf Schuld wie ein Hund, der wiederholt von seinem Besitzer geschlagen wird. Sie fühlen sich erniedrigt und wertlos. Andere versuchen Schuld durch einen Prozeß zu bewältigen, den Robert McGee als „die betäubenden Folgen des Leugnens“ [4] beschreibt.

Es gibt sowohl echte als auch falsche Schuld. Echte Schuld ist die Einsicht einer Verfehlung, die der Heilige Geist in uns weckt, wenn wir ein Gebot Gottes übertreten haben. Falsche Schuld wird uns von anderen Menschen eingeredet. Menschen stellen Normen oder Regeln auf, deren Nichtbeachtung nicht mit Sünde gleichzusetzen ist. Diese von Menschen aufgestellten Regeln und gesellschaftlichen Einschränkungen haben nichts mit den Grundsätzen zu tun, die Gott für unser Leben gegeben hat, und auch nichts damit, was wir nach Seinem Willen tun oder lassen sollen. Falsche Schuld empfinden wir, wenn wir Angst haben, die Liebe der anderen Menschen zu verlieren. Echte Schuld ist eine Tatsache, falsche Schuld ein Gefühl von Schmerz oder Verdammnis.

Das Gefühl der Schuld, ganz gleich, ob es sich um echte oder falsche Schuld handelt, führt zu der Lüge: „Ich darf auf keinen Fall als Versager gelten.“ Schuldbeladene Menschen sind leistungsorientiert. Sie werden von dem Gefühl getrieben, für ihr Versagen sühnen zu wollen; sie möchten ihre Schwachheit überwinden und beweisen, daß sie in Ordnung sind. „Ich muß vor Gott und Menschen beweisen, daß ich ein liebenswerter Mensch bin."

Kein Gefühl kann sich so lähmend oder zerstörerisch auswirken wie falsche Schuldgefühle. Sie bewirken, daß wir die Selbstachtung verlieren; sie untergraben unser Vertrauen; sie bewirken, daß unser Geist verdorrt und stirbt; sie nehmen uns das Selbstwertgefühl.

Bevor wir zu Christus kommen, sind wir aufgrund unserer Rebellion gegen Gott schuldig vor Ihm. Doch wenn sich diese Schuldgefühle auch noch nach unserer Erlösung in uns finden, obwohl Gott uns angenommen hat, dann leiden wir an falscher Schuld. Diese führt zu Scham und Verdammung, zu einem unbestimmten Gefühl des Versagens, ohne konkret zu wissen, was wir falsch gemacht haben.

Gott hat eine Abhilfe für unsere Schuld geschaffen: Er selbst nahm die Schuld unserer Sünde auf sich und trug sie ans Kreuz. Er starb und nahm die Strafe auf sich, die wir verdient hätten. Er trat an unsere Stelle und trug unsere Strafe, um uns von unserer Schuld zu befreien. Das klingt fast zu schön, um wahr zu sein, aber genauso ist es.

Was bewegte Gott dazu, so zu handeln? Eine ungeheuer große und grenzenlose Liebe und ein nie endendes Erbarmen. Er erschuf uns zur Gemeinschaft mit Ihm, und obwohl wir gegen Ihn sündigten, reagierte Er mit Liebe und sandte Seinen Sohn, damit dieser für uns sterben sollte. Wir können Gottes Handeln wie folgt zusammenfassen: Der Schöpfer schuf uns in eine Beziehung zu Ihm, wir jedoch rebellierten gegen Seine liebevoll erdachten und sinnvollen Gesetze. Dann sandte der Schöpfer Seinen Sohn in Menschengestalt, um uns zu Ihm zurückzubringen. Wir nagelten den Sohn des Schöpfers an ein Kreuz und lehnten das Angebot der Vergebung und der Freundschaft des Schöpfers ab. Doch der Schöpfer machte diese Tat unaussprechlicher Selbstsucht, nämlich die Kreuzigung Seines Sohnes, zur Quelle der Vergebung für uns. Unsere endgültige Ablehnung verwandelte Er in ein weiteres Angebot der Vergebung und Versöhnung! Wie reagiert man angesichts einer derartig großen Liebe? Entweder man gibt die eigene Schuld zu und nimmt das Angebot der Vergebung an, oder man leugnet die eigene Sünde und lebt weiter so, daß immer wieder Schuld entsteht.

Dasselbe Angebot der Vergebung, das für echte Schuld gilt, ist auch die Lösung für falsche Schuldgefühle. Allerdings gibt es hier einen Unterschied: Gott macht uns deutlich, daß es sich bei falscher Schuld auch um falsche Schuld handelt. Es gibt Regeln, die nicht von Gott stammen. Es gibt von Menschen auferlegte Ordnungen und religiöse Normen, die nichts mit Gott zu tun haben, wie Sein Wort uns deutlich macht. Wenn Er unsere echte Schuld entfernt, bietet Er gleichzeitig an, uns auch das unbestimmte Gefühl der Verdammnis und der falschen Schuld zu nehmen: „So gibt es nun keine Verdammnis für die, die in Jesus Christus sind. Denn das Gesetz des Geistes, der lebendig macht in Jesus Christus, hat dich frei gemacht von dem Gesetz der Sünde und des Todes“ (Röm 8:1-2).

3. Zorn

Zorn ist ein Gefühl der Bitterkeit, von Haß oder der Feindseligkeit gegen einen Menschen, der an uns schuldig geworden ist. Wir hegen oft unbewußt Zorn in uns; er kann ganz unerwartet ausbrechen. Er staut sich auf, wie Wasser hinter einem Damm, bis der Damm schließlich unter dem Druck der Wassermassen bricht.

Zorn ist häufig die Reaktion auf Ablehung oder Treulosigkeit anderer Menschen und oft mit dem Wunsch nach Vergeltung verbunden. Er rührt daher, daß der betroffene Mensch nicht wahrnimmt, wie tief verletzt er dadurch ist, daß ihn jemand abgelehnt, im Stich gelassen oder falsch verstanden hat. Zorn baut sich in uns auf, wenn wir nicht ehrlich zugeben können, welche Gefühle das Verhalten anderer in uns auslöst.

Zorn entsteht auch durch Angst vor Strafe. Wenn wir den Eindruck haben, wir könnten den Erwartungen eines anderen nie gerecht werden, wenn wir fürchten, als Folge davon bestraft zu werden, versuchen wir uns manchmal dadurch zu verteidigen, daß wir andere angreifen. Zorn führt zu selbst verursachter Strafe, zu Bitterkeit, Rache und Haß.

Jesus besiegte am Kreuz unseren Zorn, indem er unsere Ängste, die Strafe, die Ablehnung und jede Situation, in der wir im Stich gelassen wurden, auf sich nahm. Er lud auf sich alles Böse, Unreine und jede Ungerechtigkeit, damit wir frei sein können. Wir können Ihm alles geben, was in unserem Herzen ist, und Ihn bitten, unseren Zorn fortzunehmen. Er hat uns ein neues Herz gegeben, in dem keine Angst mehr vor Strafe herrscht; mit diesem neuen Herzen können wir jeden Tag neu glauben, daß wir geliebt werden und gewollt sind.

Gott hat uns einen anderen Weg gezeigt, wie wir mit unserem Zorn umgehen können: Er räumt uns die Freiheit ein, Ihm ehrlich zu sagen, wie wir uns fühlen – die Freiheit, im Gebet, allein vor Ihm, unserem Zorn Luft zu machen, ohne Angst vor Ablehnung oder Vergeltung. *Das dürfen wir tatsächlich!*

Diese Wahrheit hat mich frei gemacht. Ich kam zu der Erkenntnis, daß ich Gott nicht schockieren würde, wenn ich Ihm ganz genau von meinen Gefühlen im Blick auf bestimmte Menschen erzählte. Ich fand überdies heraus, daß Gott *wollte*, daß ich es tat! Ich war überrascht, als ich erkannte, daß Gott mich sogar zu dieser Ehrlichkeit vor Ihm aufforderte. Es war befreiend, Ihm einfach davon zu erzählen, wie andere mich verletzt oder enttäuscht hatten, oder sogar, wie Er mich enttäuscht hatte, und dann die daraus entstehende Feindseligkeit in ehrlichem und manchmal emotionalem Gebet hervorsprudeln zu lassen und sich von der Seele zu reden.

Natürlich ist es wichtig, daß wir nicht an diesem Punkt stehenbleiben. Gott ist nicht der große Psychiater im Himmel, der passive Therapeut, der lediglich zuhört. Er bittet uns als nächsten Schritt (und diese Bitte können wir nicht abschlagen), unseren Zorn zu überwinden und mit Seiner Hilfe den Menschen, die uns verletzt oder enttäuscht haben, zu vergeben und sie anzunehmen. Verwunderlich ist nur, daß Er sich unseren Zorn anhören und uns trotzdem noch bedingungslos lieben kann! Er hilft uns, den Menschen zu vergeben, auf die wir zornig sind.

4. Angst

Für Angst gibt es viele Auslöser. Angst kann durch Ablehnung entstehen, durch Treulosigkeit, Mißbrauch, Gesetzlichkeit und ungenügende Kommunikation. Angst kann die Folge unbeabsichtigter Kränkungen sein; oft sind es kleine Dinge, die ein uns nahestehender Mensch sagt oder tut und die uns ungewollt treffen. Angst kann auch durch einen Unfall oder ein traumatisches Erlebnis hervorgerufen werden, das sich tief in unsere Gefühle eingegraben hat. Ebenso kann Angst durch sexuellen Mißbrauch oder eine Erniedrigung verbaler Art entstehen. Wenn sich Leiter autoritär verhalten, kann dadurch unser Vertrauen beeinträchtigt und Angst in uns geweckt werden.

Es gibt natürlich auch ganz normale Ängste: Angst vor dem Unbekannten, Höhenangst, Angst vor dem Tod, Angst vor Feuer. Doch daneben gibt es extreme Ängste, die so stark sind, daß sie Menschen regelrecht beeinträchtigen und ihnen die Fähigkeit rauben, vertrauensvoll zu reagieren und Freude zu erleben. Einige Menschen haben ungewöhnliche Ängste wie zum Beispiel Arachnophobie (Angst vor Spinnen), Agoraphobie (Platzangst) und viele andere Ängste mit unaussprechlichen Namen.

Angst wirkt lähmend, wenn wir anfangen, falsche Dinge zu glauben. Unsere Ängste können wie eine Dunkelkammer sein, in der die Bilder, die unentwickelt oder unsichtbar in uns schlummern, zu Farbfotos entwickelt werden. Unsere Vorstellungskraft geht mit uns durch, und alles, was wir je gefürchtet haben, wird in unserer Vorstellung zur Wirklichkeit.

Eine Bekannte von mir wurde als Kind in einen Swimmingpool geworfen, um schwimmen zu lernen. Sie konnte an dieser Stelle nicht stehen. Als sie in ihrer Angst wie wild im Wasser herumstrampelte, wurde sie verspottet und ausgelacht. Dieses traumatische Erlebnis versetzte ihr eine solche Furcht, daß sie noch heute Schwierigkeiten hat, diese Angst zu überwinden.

Angst kann auch dazu führen, daß wir alles nur mögliche unternehmen, um Ablehnung zu vermeiden und Zustimmung zu erhalten. Um Wertschätzung und Liebe zu erlangen, schwören wir uns selbst: „Ich werde niemand so nah an mich herankommen lassen, daß er mich verletzen könnte.“ Oder: „Ich begebe mich nicht in die Nähe von Menschen, die mich kritisieren. Auf keinen Fall.“

Schmerz und Angst gehen Hand in Hand, sowohl bei seelischem Schmerz als auch bei Schmerz, der seine Ursache in Beziehungen hat. Wir haben Angst, erneut so verletzt zu werden, wie wir es in früheren Beziehungen erlebt haben. Wir haben Angst, die Kontrolle über bestimmte Situationen zu verlieren. Wir haben Angst vor dem Unbekannten. Wir haben Angst, zu bestimmten Dingen aufgefordert oder gezwungen zu werden, wenn wir den Schmerz zugeben oder offen mit der Person sprechen, die den Schmerz verursacht hat. Wir haben Angst vor Leid und davor, daß das Leid fortbestehen könnte.

Die Angst vor Ablehnung ist eine der größten Ängste überhaupt, und das mit Recht. Zwar ist diese Angst manchmal unbegründet, aber ein Mensch, der einmal Ablehnung erfahren hat, begibt sich nicht so schnell wieder in eine Situation, in der er erneut Ablehnung erfahren könnte. Ich bin sehr groß, und ich habe ein ausgeprägtes Selbstvertrauen; trotzdem gibt es Situationen und Menschen, die ich ganz bewußt meide. Ich habe Angst davor, was diese Menschen machen könnten. Ich habe keine Angst vor tätlichen Angriffen, aber nach Begegnungen mit diesen Menschen war ich immer wieder enttäuscht, verletzt oder verwirrt. Und ich bin nicht gern verletzt. Ich habe ernsthaft nach einer Lösung gesucht, wie ich diesen Menschen begegnen kann. Ich habe Gott gebeten, daß ich in der richtigen Weise reagiere, doch solange der Herr mir nicht die Weisung gibt, bewußt auf diese Menschen zuzugehen und ich es im Glauben tun kann, meide ich einfach jene Menschen, die mich immer neu verletzen.

Jesus hat alles für uns am Kreuz vollbracht, und Gott hat uns als Seine Kinder angenommen und zu einer neuen Schöpfung gemacht, so daß der Heilige Geist für immer in uns wohnt. Ich weiß, daß wir dadurch nicht mehr unter der Knechtschaft der Angst leben müssen. In vielen Beziehungen, die früher von Angst geprägt waren, habe ich inzwischen den Sieg über die Angst errungen. In anderen Beziehungen blicke ich im Vertrauen auf Gott, daß Er mir auch dort den Sieg noch schenken wird.

Ich glaube dem Wort Gottes: „Furcht ist nicht in der Liebe, sondern die vollkommene Liebe treibt die Furcht aus; denn die Furcht rechnet mit Stafe. Wer sich aber fürchtet, der ist nicht vollkommen in der Liebe“ (1 Joh 4:18). Dank sei Gott, es gibt Hoffnung, daß wir unsere Ängste überwinden können!

Unsere Reaktion auf die vier Gefühle, die unserer Seele den Tod bringen

Wir versuchen nicht nur, Schmerz zu vermeiden, sondern versuchen auch, in diesen „Schmerzvermeidungsmechanismen" Sicherheit und Sinn zu finden.

Was können wir tun?

* Jeder von uns hat Schmerzen.
* Jeder besitzt eine andere Schmerzschwelle bei seelischem Schmerz, doch jeder Mensch erfährt Schmerz, ganz gleich, wie hoch seine Schmerzschwelle ist, bevor der Schmerz eine Reaktion bei ihm hervorruft.
* Unabhängig davon, wieviel Schmerz wir ertragen können, irgendwann wirkt er sich auf unser Verhalten und unsere Haltung aus.
* Wir sind nicht geschaffen, um die tiefen Gefühle der Scham, der Schuld, des Zorns und der Angst mit uns herumzutragen.
* Wenn wir diese vier Gefühle, die der Seele den Tod bringen, nicht ausdrücklich Gott übergeben, werden wir uns an etwas anderes wenden, um sie zu bewältigen; entweder ziehen wir uns zurück oder suchen Trost, um dem schmerzvollen Vorhandensein dieser Gefühle zu entfliehen.

Kümmert sich Gott wirklich um unseren Schmerz? Oder müssen wir ihn allein tragen? Wohin können wir unseren Schmerz bringen, damit wir Heilung erfahren – wahre Heilung? Und wie gehen wir mit den Narben um, die zurückbleiben ... Haltungen und Verhaltensweisen, die sich als Reaktion auf den Schmerz entwickelt haben? Wenn wir ehrlich sind, erkennen wir früher oder später, daß wir durch Rückzug oder Flucht in Dinge, in denen wir Trost suchen, wiederum anderen Menschen Schmerz zufügen. Was können wir also tun?

Befreiung von unserem Schmerz

Der französische Maler Renoir litt unter rheumatischer Arthritis und hatte entsetzliche Schmerzen. Auf die Frage, warum er nicht mit dem Malen aufhöre, wenn ihm doch jede Handbewegung so schreckliche Qualen bereite, antwortete er: „Der Schmerz vergeht, aber die Schönheit bleibt."[5] Er offenbarte damit seine innersten Gedanken.

Genauso ist es mit dem Schmerz, dem wir uns mit Gottes Hilfe stellen. Gott kann uns helfen, sich dem Schmerz zu stellen, um davon befreit zu werden. Aber Er nimmt ihn nicht nur fort, sondern tut noch mehr. Er verwandelt unsere seelischen Narben und schmerzlichen Erfahrungen zu herrlichen Zeichen, die uns an den Sieg erinnern.

Ich habe einen Bekannten aus Kansas City. Als junger Mann lief er vor dem Ruf Gottes davon. Während er noch in Rebellion lebte und sich mit seinem gottlosen Lebensstil brüstete, ereignete sich ein schrecklicher Unfall. Er arbeitete an einer Hochspannungsleitung, als die Leiter plötzlich umkippte. Instinktiv griff er nach der Stromleitung und hielt sich daran fest. Durch den Stromschlag erlitt er schreckliche Verbrennungen am ganzen Körper. Er war so schwer verletzt, daß niemand im Krankenhaus an sein Überleben glaubte.

Sein Vater, ein Pastor, besuchte den Sohn täglich im Krankenhaus. Während der langwierigen Genesungszeit wurde mein Freund langsam bereit, sich der Tatsache zu stellen, daß seine Flucht vor Gott ein viel größeres Problem in seinem Leben war als die Verbrennungen am ganzen Körper. Er stellte sich die Frage: „Was hätte ich erreicht, wenn ich mein Leben verloren hätte?" Die Antwort, die er sich selbst geben mußte, lautete: „Nichts."

Noch im Krankenhaus bat er den Herrn, ihm sein Leben wiederzugeben und die Möglichkeit zu schenken, Ihm zu dienen. Heute ist er ein Diener des Evangeliums, und nach vielen weiteren Operationen ist nur noch auf dem Handrücken einer Hand eine Narbe zurückgeblieben. Er erzählte mir einmal, daß er immer, wenn er sich zum Predigen erhebt, für diese Narbe dankbar ist. Sie erinnert ihn an die Gnade Gottes in seinem Leben.

Gott kann unsere Narben als Zeichen für Sein Wirken in unserem Leben benutzen; sie erinnern uns daran, daß Er uns in größerem Maße als zuvor verwandelt und befreit hat. Sie weisen zurück auf eine Zeit, in der Gott alles daransetzte, den Schmerz, der uns zu verschlingen drohte, zu entfernen; gleichzeitig erinnern sie uns daran, daß wir auch in Zukunft vollkommen darauf vertrauen dürfen, daß Gott Seine Gnade über uns ausgießen will.

Narben bewirken noch etwas anderes. Sie dienen als Mahnmal dafür, daß es Schmerzen gibt. Lange nachdem die intensiven Gefühle des Schmerzes verebbt sind, zeugt die Narbe weiter ohne Worte von der vergangenen Qual. Gott will damit quasi sagen: „Ich nehme deinen Schmerz ernst. Ich weiß, daß du Schmerzen hast, und durch mein Wirken wirst du Heilung erfahren. Ich nehme dich ernst, und ich nehme deine Gefühle ernst. Schließlich bist du mein kostbares Kind."

Gott denkt nicht verächtlich über Ihre Gefühle, die durch verletzende Situationen hervorgerufen wurden. Er ignoriert sie nicht. Und Er fordert auch Sie nicht auf, diese Gefühle zu ignorieren. Wenn Sie Schmerzen haben, kümmert sich Gott um Sie. Er sieht Ihre Schmerzen und kommt zu Ihnen, um Sie von dieser Qual zu befreien. Allerdings gehört dazu der schwierige Prozeß, sich den Schmerzen zu stellen; er ist nötig, um frei zu werden und Heilung durch Gottes Liebe zu erfahren.

Es bedeutet auch, Gott die Freiheit einzuräumen, daß Er mit dem Pflug Seines Heiligen Geistes unseren Herzensboden durchpflügen und jene schmerzlichen Gefühle an die Oberfläche bringen kann. Die vier Seelenkiller Scham, Angst, Zorn und Schuld sind wie Samenkörner in unserem Herzen. Wenn sie nicht entfernt werden, wachsen sie zu großen Bäumen heran, die gottlose Früchte bringen – fleischliche Verhaltensmuster, die uns beherrschen und letztlich zerstören.

Wir können Gott vertrauen, daß Er uns hilft, sich den Schmerzen zu stellen, denn Er fühlt selbst Schmerzen. Wir können uns dem Schmerz stellen, weil Er mit uns mitleidet und uns deshalb Kraft gibt und uns tröstet. Die Nägelmale in Seinen Händen erinnern uns in alle Ewigkeit daran, daß wir Gott wichtig sind – daß auch Er gelitten hat und daß Er uns versteht. Aber Er versteht uns nicht nur, sondern befreit auch unsere Gefühle von Angst, so daß wir wieder hoffen, lachen und weinen können.

3

Die Befreiung unserer Gefühle

Ich war bei einem Vetter zu Besuch, der Psychologe ist. Er kam gerade von einem Flug zurück. Zum zweiten oder dritten Mal hintereinander hatte die Fluggesellschaft sein Gepäck verloren. Er war zornig. Ich konnte mich nicht gegen den Gedanken wehren: Jetzt will ich doch mal sehen, wie ein Psychologe mit Zorn umgeht!

Er betrat den Raum, setzte sich absichtlich auf die Couch und sagte in einem sehr beherrschten, nüchternen Ton: „Ich bin wirklich zornig. Ich bin sehr ärgerlich. Am liebsten würde ich sie erwürgen. Ich werde ihnen einen Brief schreiben und ihnen sagen, was ich von ihnen halte." Etwa fünf Minuten ging es in diesem Stil weiter. Als er schließlich mit seiner sanften Schimpftirade zu Ende war, holte er tief Luft, grinste mich an und sagte: „So, jetzt fühle ich mich besser."

Um die Heilung zu erleben, die Gott uns schenken will, ist es unbedingt nötig, daß wir unsere Gefühle zugeben und als einen wichtigen Teil unserer Persönlichkeit ernst nehmen. Wenn wir es unterlassen, wird dadurch unvermeidlich unser Wachstum und Heranreifen als Töchter und Söhne des lebendigen Gottes behindert. Mein Freund Joseph hat erlebt, daß dieser Sachverhalt stimmt.

Er wuchs mit einer starken, dominierenden Mutter und einem äußerst vielbeschäftigten Vater auf. In seiner

Teenagerzeit gab es ein paar wichtige Punkte, bei denen er dringend den seelischen Kontakt zu seinen Eltern gebraucht hätte, um seine eigenen Gefühle zu identifizieren und Unterstützung bei der Bewältigung dieser Gefühle zu haben. Er war ein ganz normaler Teenager – Sport, Freundschaften mit Jungen und Mädchen und so weiter –, aber seine Eltern bauten keine Beziehung zu ihm auf. Als Folge davon entwickelte sich Joseph zu einer eindimensionalen Persönlichkeit. Es gibt vieles, womit er sich heute einfach nicht identifizieren kann; wenn andere Menschen sich freuen, wenn sie Schmerzen haben oder verletzt sind, findet das in ihm keine Resonanz. Einmal erklärte er mir: „Ich kann mich nicht mit Menschen identifizieren, die leiden. Sie jagen mir Angst ein. Ich gehe ihnen am liebsten aus dem Weg, weil ich nicht weiß, was ich tun soll."

Können Sie sich vorstellen, welche schwerwiegenden Folgen es haben kann, wenn wir unsere Gefühle ignorieren oder verdrängen? Eine gesunde und normale Verhaltensweise ist dann unmöglich. Gott hat uns mit der Fähigkeit geschaffen, Gefühle zu haben, diese zu benennen und in angemessener Weise auf sie zu reagieren. Das gehört zu unserem Menschsein. Wenn wir nicht in hilfreicher Weise auf unsere Gefühle eingehen, wird der Schmerz, dem wir entfliehen wollen, letztlich unser Leben beherrschen!

Mit Heilung beschenkt

Gefühle sind wie ein rotes Warnlämpchen am Armaturenbrett. Sie sind nicht die *Ursache* eines Problems, sondern nur ein *Anzeiger* dafür, daß ein Problem vorhanden ist. Genausowenig *bewirken* die Gefühle einen Segen Gottes. Sie sind schlicht und einfach ein Mittel Gottes, damit wir uns an einem Segen *erfreuen* können.

Können Sie sich vorstellen, wie ein Leben als Computer oder Roboter aussähe, wenn wir niemals Begeisterung oder Trauer, Vertrauen oder Angst, Liebe oder Zorn erfahren würden? Man kann sich ein gefühlloses Dasein fast nicht vorstellen, auch wenn es einige bemerkenswerte Versuche in dieser Richtung gegeben hat. In der Fernsehserie *Star Trek* werden mindestens zwei der Hauptdarsteller als Personen dargestellt, die ohne Gefühle leben (oder es wenigstens versuchen). Im Original behauptet Mister Spock, der halb vulkanischer, halb menschlicher Herkunft ist, er würde allein mit Hilfe der Logik leben und mit keinerlei Gefühl belastet sein. Trotzdem gab es mehrere Ereignisse, bei denen bestimmte Gefühle – sehr zu seinem Ärger – für kurze Zeit die Oberhand über seinen Verstand gewannen. (Schließlich war nur die Hälfte von ihm menschlicher Herkunft!)

In der Fortsetzung, die einige Jahre später erschien, *Star Trek, The Next Generation*, spielte Lieutenant Commander Data die Hauptrolle, ein androides Geschöpf ohne „Gefühlschip“. Der interessanteste Charakterzug war bei ihm im Gegensatz zu Mister Spock, daß er immer *versuchte*, etwas zu fühlen! Ihm war bewußt, daß er niemals ein richtiger Mensch sein konnte, wenn er keine Gefühle besaß.

Ohne Gefühle wäre das Leben langweilig, oberflächlich, schal und uninteressant; als würde man einem Orchester zusehen, ohne die herrliche Musik zu hören; als würde man die edelste Speise essen, ohne irgend etwas zu schmecken; als würde man Freunde haben, ohne Zuneigung zu empfinden, ein Haus besitzen ohne Heizung oder einen Karnevalszug betrachten ohne bunte Wagen, Spielmannszüge, Verkleidungen und Bonbons.

Wer würde sich das schon wünschen?

Gefühle sind wie der Lautstärkeregler einer guten Stereoanlage. Wenn uns die Musik gut gefällt, kann man sie lauter stellen und die Bässe sowie die Höhen gut heraushören. Nehmen Sie sich einmal die Zeit, mit einer guten Anlage schöne Musik zu hören – eine Anlage mit einer hohen Wattzahl, Dolby Digital Stereo und Surround System –, schon nach kurzer Zeit *fühlt* man die Tiefe, Leidenschaft, Intensität und Vielschichtigkeit der Musik.

Genauso ist es mit den Gefühlen. Mit Hilfe der Gefühle können wir die schönen Seiten des Lebens genießen und erleben, doch ebenso helfen sie uns, auch das Gewicht der eher schwierigen Seiten des Lebens zu tragen. Gefühle sind wie Farbe auf der Leinwand unseres Lebens, sie sind der Geschmack in der Palette der Erfahrungen.

Wenn ein Mensch tut, was richtig ist, überwältigt uns manchmal ein Gefühl äußerster Befriedigung. Wir sind zutiefst dankbar für einen Ehemann, der seine Frau liebt, für Eltern, die sich um ihre Kinder kümmern; wir empfinden Schmerz für einen Freund, der einen geliebten Menschen verloren hat. Alle diese Gefühle sind uns von unserem liebevollen Schöpfer gegeben, damit wir das Leben in größerer Fülle erfahren können.

Wozu sind die Gefühle da?

So gut Gefühle auch sind, Gott hat uns nicht so geschaffen, daß die Gefühle unser Leben *beherrschen* sollen; Er wollte nicht, daß unsere Handlungen von unseren Gefühlen bestimmt werden. Es war Seine Absicht, uns mit den Gefühlen zusätzlich zu beschenken – sie sollten dem Leben die Dimension der Empfindung hinzufügen.

Doch die Gefühle sollen nicht nur ein Geschenk sein und eine Bereicherung unseres Lebens darstellen. Es gibt noch einen weiteren Aspekt, der vielleicht der wichtigste ist: die Gefühle sollen zur Unterstützung der Gerechtigkeit dienen. Es ist ähnlich wie bei einem Anhänger: Das Auto fährt vorne, der Anhänger folgt. Was für ein Chaos würde auf den Straßen herrschen, wenn die Anhänger vorneweg führen und die Autos hinterherkämen! Es ist Gottes Absicht, daß unser Leben von Wahrheit und richtigen Entscheidungen bestimmt wird; die Gefühle können hinzukommen und diesen Weg fördern. Gefühle sind wie der Dienstwagen, der an die Lokomotive gekoppelt ist. Sie sollen zur Unterstützung dienen, nicht jedoch bestimmen, welche Richtung wir einschlagen und wie wir leben.

Das bedeutet natürlich auch, daß unser Leben unweigerlich in die falsche Richtung führt, wenn unser Lebensziel in der Befriedigung unserer Gefühle besteht. Es ist vergleichbar mit einer fehlerhaften Straßenkarte. Wir sind überzeugt, nach Westen zu fahren, doch in Wirklichkeit fahren wir Richtung Osten, und schließlich landen wir in Sibirien anstatt in Los Angeles – wenn man mit Bermudashorts und Sandalen bekleidet ist, stellen dreißig Grad minus und zwei Meter Schnee durchaus ein Problem dar. Eine fehlerhafte Straßenkarte führt uns sehr wahrscheinlich in die falsche Richtung – und möglicherweise in eine Katastrophe. Man endet in Sackgassen, landet auf nicht fertiggestellten Straßen, muß sich mit nicht erfüllten Erwartungen herumplagen, mit der sich daraus ergebenden Frustration und vielleicht sogar mit Herzbeschwerden (ganz zu schweigen von Frostbeulen).

Gefühle sind etwas Herrliches, doch sind sie von untergeordneter Bedeutung. Sie sind erfreuliche Begleiter, aber keine Wegweiser. Tatsache ist, daß Gefühle an sich niemals zur endgültigen oder vollkommenen Erfüllung führen können. Sie sind nur erfüllend, wenn sie die Wahrheit unterstützen, nicht jedoch, wenn sie der Selbstsucht dienen. Doch das steht vielen nicht vor Augen; sie lassen sich in der Hast ihres Leben immer wieder von ihren Gefühlen bestimmen.

Ernest Hemmingway äußerte einmal: „Wenn man sich hinterher gut fühlt, war die Sache gut; wenn man sich hinterher schlecht fühlt, war die Sache schlecht." Damit drückte er aus, daß wir die Wahrheit an unseren Gefühlen erkennen können. Wenn wir, nachdem wir irgend etwas getan haben, gute *Gefühle* haben, dann *war* es gut. Wenn wir das *Gefühl* haben, das Richtige getan zu haben, dann *haben* wir das Richtige getan. Diese

Sichtweise hat natürlich schwerwiegende Mängel. Hemmingway selbst könnte das bestätigen, wenn er noch zu einem Kommentar fähig wäre. Leider ist das nicht der Fall. Am 2. Juli 1961, in einem Zustand großer Angst und Depression, setzte er sich ein Gewehr an den Kopf und drückte ab.

Wie bereits gesagt, letztlich dient es nicht zum Guten, wenn wir uns von unseren Gefühlen bestimmen lassen.

Jeder von uns weiß, daß Gefühle auch trügerisch sein können; sie können uns täuschen. Das Gewissen kann abstumpfen, so daß wir böse und schädliche Dinge tun und uns trotzdem hinterher gut fühlen – wie der Bankräuber, der nur mit anderen Einbrechern verkehrt und sich freut, daß er nicht erwischt wurde. Ein Verbrecher bestärkt den anderen in seiner Freude über die vollbrachte Tat. In Wirklichkeit jedoch haben sie die Armen beraubt und das Leben unschuldiger Männer und Frauen in Gefahr gebracht. Ihre Gefühle sind kein zuverlässiges Barometer für die Wahrheit.

Weil uns die Gefühle täuschen können, müssen wir wachsam sein. Es ist zum Beispiel möglich, daß wir meinen, jemand würde uns ablehnen, uns verurteilen oder etwas gegen uns haben, obwohl die betreffende Person *möglicherweise überhaupt nichts in der Richtung fühlt oder denkt.*

Ein Freund erzählte mir einmal von einer neuen Mitarbeiterin in seiner Firma, die fälschlicherweise eineinhalb Jahre lang geglaubt hatte, er würde sie nicht mögen (inzwischen sind sie gute Freunde). Das kam so: Mein Freund tendiert dazu, sich so stark auf eine Arbeit zu konzentrieren, daß es ihm oft nicht gelingt, gedanklich umzuschalten, wenn er unterbrochen wird. Wenn nun die neue Mitarbeiterin das Büro meines Freundes betrat, um ein paar freundliche Worte zu wechseln, sagte er ihr manchmal kaum guten Tag und hob oft nicht einmal den Kopf. Sie fühlte sich abgelehnt und ging in der Überzeugung an ihren Arbeitsplatz zurück, der neue Kollege wolle ihr mit diesem „kalten Empfang" deutlich machen, daß er sie nicht mochte. Jedesmal, wenn sie ihm danach begegnete, stieg Angst in ihr auf, und sie zog sich eilig in ihr Büro zurück. Mein Freund jedoch merkte weder seine eigene Unhöflichkeit noch die Auswirkungen seines Verhaltens auf seine neue Mitarbeiterin. Er ging einfach davon aus, daß sie sehr empfindlich sei!

In Wirklichkeit reagierten beide aufgrund einer Beurteilung, die nichts mit der Wahrheit zu tun hatte. Mein Freund lehnte die neue Mitarbeiterin *überhaupt nicht* ab, und sie ist durchaus *kein* empfindlicher Mensch. Doch weil sie die Situation einfach auf sich bewenden ließen und das wahre Problem nicht erkannten, dauerte es eineinhalb Jahre, bis sich ihre Beziehung zum Guten wendete.

Ist es geistlich, Gefühle zu zeigen?

Manche Christen meinen, Gott mißfalle es, wenn wir ehrlich von unseren Gefühlen sprechen. Sie leben mit der Angst, es sei ungeistlich, etwa folgendes zu sagen: „Ich bin unglücklich", „Ich bin traurig", „Ich bin zornig", „Ich habe Angst", „Ich bin entmutigt" oder „Ich bin niedergeschlagen". Zu ihrer Vorstellung von einem guten geistlichen Christen paßt es nicht, zuzugeben, wie man sich fühlt; sie haben Angst, daß sie von Gott abgelehnt und von Menschen mißverstanden werden könnten.

Doch entspricht es der Wahrheit? Reagiert Gott ärgerlich, wenn wir ihm aufrichtig sagen, wie wir uns fühlen?

Natürlich kennen Sie die Antwort: Ich glaube, daß es absolut nicht stimmt. Gott ist nicht zornig, wenn wir unsere Gefühle eingestehen; im Gegenteil, Er fordert uns sogar dazu auf. Ich will erklären, woher ich das weiß.

Zunächst einmal sollten wir uns vor Augen halten, daß Jesus sagte, die Wahrheit wird uns frei machen (Joh 8:32). Doch können wir die Wahrheit nicht erkennen, wenn wir nicht zunächst hinsichtlich unserer Gefühle wahrhaftig sind. Wenn wir unsere Gefühle leugnen, ist es uns fast unmöglich, zuzugeben, daß wir Hilfe benötigen. Darauf wollte Jesus hinaus, als Er den Pharisäern erklärte: „Die Starken bedürfen keines Arztes, sondern die Kranken. Ich bin gekommen, die Sünder zu rufen und nicht die Gerechten" (Mk 2:17). Der Meister sagte damit, daß der erste Schritt zur geistlichen Gesundheit in dem Eingeständnis besteht, daß wir ernsthaft krank sind.

Wenn wir unsere Gefühle ehrlich eingestehen, können wir erkennen, wie wir auf bestimmte Menschen, Ereignisse oder Umstände reagieren. Unsere Reaktionen mögen durchaus falsch sein, doch wenn wir im Blick auf unsere Gefühle ehrlich sind, können wir erkennen, daß wir im Unrecht sind. Dann ist der nächste Schritt möglich, und wir können an die Lösung des Problems gehen.

Zweitens finden wir in der Bibel viele Menschen, die bezüglich ihrer Gefühle überraschend ehrlich sind – sehr viel ehrlicher als wir es normalerweise sind. Die Bibel schildert Männer und Frauen als Vorbild, die sich nicht gescheut haben, offen von ihrem Zorn, ihrer Angst, ihrer Enttäuschung oder ihrer Eifersucht zu sprechen. Ich will nur einige wenige Beispiele nennen:

- *David*, den die Bibel „einen Mann nach dem Herzen Gottes" (1 Sam 13:14) und den „Augapfel im Auge Gottes" (Ps 17:8) nannte, besaß die Freiheit, offen vor Gott von seiner Entmutigung und Enttäuschung zu sprechen: „Herr, wie lange willst du mich so ganz vergessen? Wie lange verbirgst du dein Antlitz vor mir?" (Ps 13:1). Wann haben Sie zum letzten Mal so mit Gott geredet?
- *Jona*, der geflüchtete Prophet, war ungehalten und zornig, daß Gott Ninive nicht ausgelöscht hatte, und gestand dem Herrn seine Gefühle: „Ich zürne bis an den Tod" (Jona 4:1,9).
- *Paulus*, der große Apostel, schämte sich nicht, seinen Freunden in Rom von seinen Gefühlen im Blick auf den geistlichen Stand seiner jüdischen Mitgenossen zu berichten: „Ich [habe] große Traurigkeit und Schmerzen ohne Unterlaß in meinem Herzen ... für meine Brüder" (Röm 9:2-3).
- *Jakob*, einer der Glaubensväter, zögerte mehr als einmal nicht damit, seine Angst zuzugeben: „Ich fürchtete mich ... ich fürchte mich" (Gen 31:31, 32:12, siehe auch 32:8).

Überall in der Bibel wird von Menschen berichtet, die in ihrer Beziehung zu Gott schonungslos ehrlich waren. Die Schreiber der Bibel scheuen sich nicht, von den Gefühlsreaktionen der Menschen über Jesus und Gott zu berichten. Denken wir nur daran, wie enttäuscht Maria und Martha von Jesus waren; wie Mose der Zorn überkam; wie Rahel vor Eifersucht verging; wie Jeremia von Angst geplagt viele Tränen vergoß; wie Salomo seine Unsicherheit zugab. Diese Aufzählung könnte endlos fortgesetzt werden. Ich will deutlich machen, daß nicht nur Gefühle an sich etwas Gutes sind, sondern auch das *Eingestehen* unserer Gefühle – ganz gleich, ob sie Gott wohlgefällig sind oder nicht.

Gott hat kein Mißfallen an uns, wenn wir die Gefühle zugeben, die wir haben. Er will vielleicht nicht, daß wir in einem bestimmten Gefühlszustand bleiben, aber Sie können sicher sein, daß Er niemals zornig über uns wird, wenn wir zugeben, was wir fühlen.

Wie könnte Er auch? Schließlich ist Er ein Gott, der selbst Gefühle hat!

Gottes Gefühle

Haben Sie schon einmal über Gottes Gefühlsleben nachgedacht? Oft haben wir Gott nur als den allmächtigen, allwissenden, unwandelbaren, heiligen und gerechten Herrn des Universums vor Augen und vergessen, daß Er auch *Gefühle* hat. Echte Gefühle. Tiefe Gefühle. Gefühle, die keinen Zweifel daran lassen, daß es zu Gottes Natur gehört, zu fühlen.

Wir wollen einige Gefühle betrachten, die in der Bibel Gott zugeschrieben werden:

- *Liebe* (Ex 20:6, 1 Joh 3:1, 4:8)
- *Ärger, Zorn* (Num 11:10, Offb 19:15)
- *Glückseligkeit, Freude* (Jes 42:1, Mt 25:21,23)
- *Kummer* (Gen 6:6, Eph 4:30)
- *Freude* (Ps 104:31, Joh 15:11, 17:13)
- *Eifersucht* (Ex 20:5, 1 Kor 10:22)
- *Wohlgefallen* (Jes 53:10, Mt 3:17)
- *Abscheu* (Lev 18:22, Lk 16:15)
- *Barmherzigkeit* (Hos 11:8, 2 Kor 1:3)
- *Haß* (Amos 5:21, Offb 2:6)

Man muß nicht Theologe sein, um zu erkennen, daß der Gott der Bibel keine blasse, blutarme, farblose Gottheit ist, die in einer Ewigkeit der Gleichgültigkeit und Apathie leidenschaftslos mit dem Universum herumspielt. Die Bibel zeichnet die Fülle der Emotionen Gottes nach. Er sehnt sich nach dem Tag, an dem Er ungehemmt in ein Jubellied über Sein erlöstes Volk ausbrechen kann (Zef 3:17). Die Bibel beschreibt, daß Gottes Zorn Berge ebnet und Täler ausfüllt, daß Seine Liebe den Himmel auf die Erde bringt und Seine Freude die Flüsse, Bäume und Felsen dazu bewegt, ihrerseits in Lobpreis auszubrechen.

Nein, Gott hat sich nie geschämt, Seine Gefühle zu zeigen und sie beim Namen zu nennen. Er will nicht irgendwo fern im Universum sein, weit weg von uns. Er ist in unsere Welt gekommen. Er hat es auf sich genommen, ein Mensch wie wir zu werden, und in der Bibel wird nachdrücklich beschrieben, daß Er genauso wie wir Gefühle hat und diese in Worte faßt.

Dasselbe sehen wir im Leben Jesu. Glauben Sie nicht dem Bild von Jesus, das in einigen Filmen dargestellt wird: ein gegen alle Einflüsse von außen unempfindlicher heiliger Mann, der ein paar Zentimeter über dem Boden schwebt und unberührt und ohne Gefühle durch diese Welt voller Not und Leid wandert. Der wahre Jesus konnte unwillig sein (Mk 10:14), zornig (Mk 3:5), mitleidsvoll (Lk 15:20), froh (Joh 15:11), tief betrübt (Mt 26:38), erstaunt (Mt 8:10), aufgebracht (Mt 17:17) und verletzt (Joh 6:67). Im Garten Gethsemane, kurz vor Seiner Verhaftung, war er zutiefst bewegt, als Er betete und Seinen Vater anflehte, Ihn vor den Qualen des Kreuzes zu verschonen.

Wir sehen also, daß Jesus sehr ehrlich war im Blick auf Seine Gefühle und nicht zögerte, vor Seinen Freunden offen zu sein. Von uns erwartet Er dasselbe.

Gehen Sie ehrlich mit Ihren Gefühlen um

Gott möchte, daß wir unsere Gefühle ausdrücken und Ihm ehrlich sagen, was uns beschäftigt. Nur so können wir die Gnade empfangen, die wir für unser Wachstum benötigen. Wenn wir unsere Gefühle verdrängen, wenn wir uns weigern, sie ehrlich zuzugeben, entsteht in uns ein Gefühl der Hoffnungslosigkeit.

Ich habe mir oft die Frage gestellt: „Warum wachsen manche Christen schneller als andere?“ Ich habe erlebt, wie junge Christen mit einer sehr schwierigen Vergangenheit schnell gewachsen sind, während andere mit ähnlichem Hintergrund praktisch gar nicht wachsen. Warum? Worin liegt der Unterschied?

Ich bin davon überzeugt, daß ein ganz wichtiger Grund die Ehrlichkeit ist. Manche Christen wachsen schnell, weil sie keine Angst haben, ehrlich ihre Gefühle zuzugeben und ihre Not zu nennen. Sie kommen mit großer Dankbarkeit zu Gott und legen Ihm ihr Leben offen hin. Die Christen jedoch, bei denen das Wachstum eine Ewigkeit dauert, errichten Mauern um sich her, weigern sich, ihre Gefühle zu zeigen, und geben ihre Not nicht zu. Sie wachsen nicht, weil sie Gottes Gnade nicht empfangen können; denn Gottes Gnade kann man nur empfangen, wenn man zugibt, daß man sie braucht!

In Psalm 51:8 ist von Gottes Wunsch die Rede, daß wir bis ins Innerste ehrlich vor Ihm sind. David schreibt: „Siehe, du hast Lust an der Wahrheit im Innern, und im Verborgenen wirst du mir Weisheit kundtun." Gott wollte, daß David im Tiefsten seines Wesens aufrichtig lebte. Er sollte sein Herz völlig vor Gott ausschütten und das Wirken Gottes an seinem Herzen zulassen.

Das bedeutet nicht, daß alle unsere Gefühle rein oder erfreulich sind! Das sind sie garantiert nicht! Kurz bevor Jona bekannte, daß er zornig über Gottes Güte gegenüber Ninive war, fragte der Herr den Prohpeten: „Meinst du, daß du mit Recht zürnst?" (Jona 4:4). Damit wird eindeutig ausgedrückt, daß Jona *nicht* mit Recht zürnte. Trotzdem war er zornig; und wenn er es geleugnet hätte, hätte Gott nicht in seinem Leben wirken können.

Wenn wir den ersten Schritt machen und zugeben, welche Gefühle wir im Herzen haben – ob gute oder schlechte –, dann und nur dann können wir vorwärtskommen und so leben, wie es dem Willen Gottes entspricht. Angenommen, jemand kränkt mich, und ich werde ärgerlich, dann kann ich ihm erst vergeben, wenn ich ehrlich zugebe: „Ich bin gekränkt." Doch wenn ich an diesem Punkt aufrichtig bin, kann ich den nächsten Schritt machen und dem betreffenden Menschen von ganzem Herzen vergeben.

Das ehrliche Zugeben unserer Gefühle hilft uns, Versuchungen zu widerstehen, sie zurückzuweisen und zu überwinden. Wenn wir nicht zugeben, daß wir versucht werden, kann die Versuchung sich verstärken und sich schließlich zu einem mächtigen Stolperstein auswachsen. Wenn wir die Versuchung leugnen, ebnen wir uns damit den Weg, der Versuchung zu erliegen. Wenn wir jedoch der Versuchung ins Auge sehen und zugeben: „Ich werde versucht zu lügen, zu stehlen, zu begehren oder schlecht über andere zu reden", und wenn wir ehrlich zugeben, warum uns diese Versuchung verlockend erscheint, dann können wir uns gegen das Nachgeben wehren.

Wir können solche negativen Gefühle nicht unterdrücken. Wir müssen ehrlich sein, sie zugeben und mit ihnen in einer guten geistlichen Art umgehen. Das kann bedeuten, daß wir zu dem anderen hingehen und sagen: „Ich habe innerlich stark gegen das Gefühl anzukämpfen, daß du mich ablehnst. Können wir mal darüber sprechen? Hast du, was du neulich gesagt hast, wirklich so gemeint? Mich hat es jedenfalls verletzt."

Fluchende Männer, weinende Frauen

In unserer Kultur darf eine Frau weinen, jedoch nicht fluchen, und ein Mann darf fluchen, jedoch nicht weinen. Anders ausgedrückt, Männer können ihre negativen Gefühle mit ganzer Wucht und geballter Kraft herauslassen, doch nur selten wird ihnen gestattet, über diese Gefühle zu weinen. Frauen hingegen dürfen weinen, doch es wird nicht gern gesehen, wenn sie starke negative Gefühle äußern und einen Zornanfall bekommen.

Diese Beobachtung darf nicht zu der Forderung führen, daß Männer und Frauen gleichermaßen ungehemmt fluchen und weinen sollten; vielmehr sollten beide, Männer und Frauen, lernen, sowohl Zorn als auch Verletzungen ehrlich zuzugeben. Wir sollten uns nicht von unserer Gesellschaft diktieren lassen, wie wir auf unsere Gefühle reagieren. Unser Umgang mit den Gefühlen sollte geistlich sein; das heißt jedoch nicht, daß wir sie unterdrücken, sondern sie ehrlich zugeben und so mit ihnen umgehen, daß Gott dadurch geehrt wird.

Diese Ehrlichkeit bewirkt, daß unsere Beziehungen zu anderen Menschen frei bleiben und sich keine Hindernisse aufbauen. Niemand ist damit geholfen, wenn wir negative, uns unverständliche Gefühle wie einen Feind behandeln. Das wäre, als würde man mit dem Hammer auf das aufleuchtende Warnsignal am Armaturenbrett einschlagen. Das Problem wird damit nicht gelöst. Hier hilft nur, den Rettungsdienst zu bestellen und unseren Wagen abschleppen zu lassen.

Wir müssen ehrlich sein im Blick auf unsere Gefühle, ganz gleich, ob sie positiv oder negativ sind. Das bedeutet nicht, daß wir nun mit einem Megaphon umherlaufen und jedem in Hörweite ununterbrochen einen aktuellen Bericht unseres Gefühlslebens geben! Es heißt jedoch, daß wir unsere Gefühle ernst nehmen und die jeweilige Ursache herausfinden sollten.

Unsere Gefühle erkennen

Gott hat uns als Seine Schöpfung mit der wunderbaren Fähigkeit erschaffen, Gefühle zu haben. Doch bedauerlicherweise ist nicht jeder gleichermaßen darin geübt, diese Gefühle auch zu erkennen.

Ich kenne viele Menschen, die tiefe seelische Wunden durch Manipulation davongetragen haben, durch Alkoholismus in der Familie, Drogenabhängigkeit der Eltern oder Geschwister, arbeitssüchtige oder immer abwesende Eltern, Jähzorn eines Elternteils, Erniedrigung mit Worten oder körperlichen Mißbrauch. Wer in dieser Weise seelisch verletzt wurde, für den ist der Umgang mit den eigenen Gefühlen schwer, besonders dann, wenn der Betreffende seine Gefühle nicht ausdrücken oder nicht einmal erkennen kann, welche Gefühle er hat, und sie folglich anders benennt.

Es ist entscheidend, daß wir unsere Gefühle identifizieren und sie benennen können, daß wir eine zutreffende Bezeichnung für das finden können, was wir im Herzen fühlen. Auf diesem Hintergrund schlage ich vor, daß Sie sich Zeit für den folgenden „Test“ nehmen. Es ist der „Benennen-Sie-das-Gefühl“-Test.

Welche Gefühle kämen in Ihnen auf, wenn Sie sich in den folgenden Situationen wiederfinden würden?

- Sie wachen auf dem Bauch liegend auf dem Bürgersteig auf.
- Sie wählen die Rufnummer der Selbstmord-Nothilfe und man läßt Sie am Telefon warten.
- Sie kommen in Ihr Büro und werden dort unerwartet von einem Fernsehteam des „Heute-Journals" empfangen.
- Ihr Geburtstagskuchen bricht unter dem Gewicht der Kerzen zusammen.
- Sie schalten die Nachrichten ein und hören Anordnungen, auf welchen Straßen Ihre Stadt nach der eingetretenen Katastrophe zu verlassen ist.
- Ihre Zwillingsschwester vergißt Ihren Geburtstag.
- Sie fahren auf der Autobahn hinter einer Gruppe von Motorradrockern her; plötzlich setzt Ihre Alarmanlage ein und ist nicht mehr auszuschalten.
- Ihr Chef begrüßt Sie mit dem Satz, Sie bräuchten sich erst gar nicht die Mühe zu machen, den Mantel auszuziehen.
- Ihre Frau sagte: „Guten Morgen, Bill", und dabei heißen Sie George.

Tut mir leid, aber ich konnte einfach nicht widerstehen! Dieser kurze Test war nicht allzu schwierig, nicht wahr? Ich habe die Szenen aus einem Artikel mit der Überschrift entnommen: „Anzeichen dafür, daß dieser Tag miserabel werden wird". Ich hoffe, Sie hatten an den Szenen genausoviel Spaß wie ich beim ersten Lesen!

Leider sind nicht alle Gefühle so leicht zu erkennen wie diese. Manche von uns haben es nicht gelernt, über ihre Gefühle zu sprechen. Wenn wir jetzt damit beginnen, fühlen wir uns unwohl, weil wir aus einer Familie stammen, in der das nicht üblich war. Vielleicht war es sogar tabu, darüber zu sprechen, wie man sich fühlt.

Wenn Ihre Eltern nie ehrlich geäußert haben, wie sie sich fühlten, dann ist die Wahrscheinlichkeit groß, daß Sie keine Ahnung haben, wie Sie Ihre Gefühle in Worte kleiden können. Wenn diese Beschreibung auf Sie zutrifft, dann möchte ich Ihnen gern diesen einen Ratschlag geben: *Es ist an der Zeit, daß Sie es lernen!*

Als erster Schritt mag es hilfreich sein, eine Liste von Begriffen für verschiedene Gefühle aufzuführen. Ich selbst schaue mir diese Liste immer wieder einmal an; das hilft mir, wenn ich meine eigenen Gefühle nicht identifizieren kann. Ich gehe die Liste durch und frage mich: *Welches Gefühl habe ich in dieser Sache?* Die von mir verwendete Liste hat drei Kategorien: traurige Wörter, frohe Wörter und zornige Wörter.

Traurige Wörter

- Enttäuscht
- Verletzt
- Traurig
- Verwundet
- Entmutigt
- Ängstlich
- Verlegen
- Verurteilt

Frohe Wörter

- Glücklich
- Aufgeregt
- Begeistert
- Erfreut
- Hingerissen
- Friedlich
- Dankbar

Zornige Wörter

- Zornig
- Ärgerlich
- Enttäuscht
- Gereizt
- Ungeduldig
- Bitter
- Haßerfüllt

Wenn es Ihnen schwerfällt, Ihre Gefühle zu benennen, können Sie auch ein Lexikon mit sinn- und sachverwandten Wörtern zur Hand nehmen und anhand der hier aufgeführten Liste so viele sinnverwandte Begriffe wie möglich notieren. Ein gutes Lexikon führt nicht nur Wörter mit gleicher oder ähnlicher Bedeutung auf, sondern enthält auch verschiedene verwandte Begriffe, die eine etwas andere Betonung in ihrer Bedeutung haben.

Wenn Sie zum Beispiel unter *ärgerlich* nachschlagen, finden Sie folgende Wörter: „böse, aufgebracht, verärgert, entrüstet, empört, ungehalten, unwirsch, erbost, erzürnt, erbittert, zornig, fuchtig, wütend, rabiat, wutentbrannt, grimmig ..." und außerdem folgende Synonyme: „ungemütlich werden, aufbrausen, in Fahrt geraten, wütend werden, Zustände kriegen, jmdm. kocht der Kaffee hoch, in die Luft gehen, explodieren, vor Wut platzen, aus der Haut fahren, jmdm. platzt der Kragen ..."

Mein Vorschlag ist, daß Sie sich Zeit nehmen, eine ausführliche Liste der Begriffe aus den genannten Kategorien aufzustellen. Fragen Sie sich, welche Begriffe auf Sie zutreffen und Ihre Gefühle beschreiben. Wenn Sie dann das nächste Mal verwirrt sind und Ihre Gefühle nicht benennen können, nehmen Sie Ihre ausführliche Liste zur Hand und suchen nach einem Begriff, der dem Empfinden, das Sie haben, am ähnlichsten ist. Wenn Sie das Gefühl erst einmal identifiziert und benannt haben, werden Sie feststellen, daß es viel einfacher ist, damit umzugehen.

Die anderen Menschen in den Blick bekommen

Es ist wichtig, daß wir nicht nur lernen, unsere eigenen Gefühle zu identifizieren und zu benennen, sondern auch ein Gespür für die Gefühle der Menschen unserer Umgebung zu bekommen. Gott hat kein Gefallen daran, wenn wir nur nach innerer Heilung für uns selbst streben, dabei jedoch die Menschen um uns her fortwährend vernachlässigen.

Ich habe vor einiger Zeit einen Bericht über Hirten in New Mexico gehört. Sie waren in Not, weil ihnen gegen Ende des Winters und in den ersten Frühlingstagen viele Lämmer starben.[6] Die Mutterschafe zogen, gefolgt von ihren Lämmern, auf die Weide zum Grasen; sie merkten jedoch nicht, daß gegen Ende des Tages die Temperatur sank und es zu schneien begann. Die Mutterschafe grasten friedlich weiter, dic Lämmer jedoch legten sich nieder, und es dauerte nicht lange, da waren sie erfroren.

Den Hirten wurde schließlich klar, daß die Mutterschafe, die von Kopf bis Fuß mit einem dichten Fell bedeckt waren, das Absinken der Temperatur nicht bemerkten. Sie dachten sich eine ungewöhnliche Lösung für das Problem aus und schoren den Mutterschafen oben auf dem Kopf ein Stückchen Fell fort. Als jetzt die Kälte hereinbrach, konnten die Schafe den Frost fühlen und kehrten zusammen mit ihren Lämmern zum Stall zurück. Auf diese Weise geriet des Leben der Lämmer nicht mehr in Gefahr.

Bei uns ist es manchmal ähnlich: wir fühlen uns so richtig wohlig warm im Herzen. Wir sind froh, daß es uns so gut geht, und danken Gott dafür. Und es ist durchaus nicht verkehrt, die wohlige Wärme zu genießen, die uns unser dicker Wollmantel verleiht. Das Problem ist nur, daß man an einen Punkt gelangen kann, an dem man den Schmerz der anderen nicht mehr wahrnimmt. Wir fühlen dann nicht mehr, was die anderen fühlen. Sie liegen vielleicht im Sterben, aber wir haben einfach keine Augen dafür.

Vielleicht muß der Heilige Geist auch aus unserem Herzen ein Stückchen Wolle fortscheren, damit wir die Nöte und Schmerzen der Menschen um uns her spüren können. Dann kann uns Gott vielleicht gebrauchen, um den anderen Menschen Seine Gnade zu vermitteln, damit sie die gute Nachricht hören und die Heilungskraft Christi erfahren.

Hindernisse für unsere Heilung

Es *gibt* tatsächlich Hindernisse für unsere Heilung. Doch dem gegenüber steht Gottes Bereitschaft, uns zu heilen. Er will uns nicht allein lassen mit unserem Schmerz, Er will sich mit unter die Last stellen und uns befreien. Wenn wir zu der Erkenntnis gelangen, daß Gott den Schmerz der Welt auf sich geladen hat, haben wir schon einen mächtigen Schritt in Richtung wirklicher und echter Heilung getan.

Wie der Begriff „echte Heilung" schon andeutet, gibt es auch so etwas wie „falsche Heilung", das heißt schlechte Lösungen im Umgang mit Schmerz. Ich will es erneut wiederholen: Wenn wir nicht bewußt auf Gott schauen und von Ihm erwarten, daß Er unseren Schmerz und dessen Ursachen heilt, dann werden wir uns an etwas anderes wenden. Dieses „andere" sind Dinge, in denen wir Sinn oder Sicherheit suchen und von denen wir Heilung erhoffen, obwohl sie dies niemals bewirken können.

Einige dieser falschen Lösungen betreffen den Bereich der Gefühle. Wir tragen selbst die Verantwortung dafür, zu unterscheiden, was echt und was falsch ist; die Bibel liefert uns jedoch praktische Hilfen, um ein solches Unterscheidungsvermögen zu entwickeln. Diesem Thema soll das folgende Kapitel gewidmet sein.

4

So wird man nicht geheilt!

Der Kreis der jugendlichen Bewunderer glaubte, daß Kurt Cobaine alles besaß, was man sich nur wünschen kann. Cobaine war als Lead-Sänger der Rockband Nirvana reich, berühmt und einflußreich, hatte eine schöne Frau, wurde von seinen Fans angebetet und von den Musikkritikern als Held gefeiert. Der Rockstar wurde (gegen seinen Wunsch) in der Musikwelt in die höchsten Höhen erhoben. Das erste Album von Nirvana verkaufte sich neun Millionen Mal. Kurt stand an oberster Spitze. Er hatte alles.

Doch am 7. April 1994 setzte er sich eine Pistole an die Schläfe und drückte ab. Seine Frau blieb als Witwe zurück, und seine Fans standen unter Schock. In den Nachrichten hieß es, daß sich Cobaine in einer Depression befand und unter Drogen stand; schon im vorausgegangenen Monat habe er einen Selbstmordversuch unternommen.

„ABC Nightly News" interviewte kurz nach Cobaines Selbstmord einen seiner vielen Fans. Der junge Mann war völlig fassungslos und äußerte: „Wenn man so berühmt ist und immer noch nicht glücklich, dann kann doch etwas nicht stimmen!"[7]

Das ist richtig, etwas *stimmte* tatsächlich nicht, doch das hatte nichts mit Ruhm und Popularität zu tun. Ein Taxifahrer aus Seattle, der Cobaine oft gefahren hatte, beschrieb den verstorbenen Musiker als „netten jungen Mann. Sehr ruhig. Aber ich vermute, daß er sehr verletzt war.“ [8]

Kurt Cobaine – Rockstar, Teenageridol, inoffizieller Vertreter einer ganzen Generation – versuchte vergeblich, Heilung für seinen tiefen Schmerz zu finden. In seiner Verzweiflung nahm er sich das Leben.

Leider stellt Kurt in unserer Gesellschaft keine Ausnahme dar. Sein Ende war zwar tragisch und seine Suche nach Antworten extrem, doch seine Geschichte ist letztlich nicht außergewöhnlich. Menschen mit Schmerzen suchen verzweifelt nach Hilfe, doch leider stoßen sie nur allzu oft auf falsche Lösungswege, die ihren Schmerz noch verstärken.

Echte und falsche Heilung

Wir werden heute ununterbrochen mit einem großen Angebot an echter und falscher Heilung konfrontiert. Alle Heilungsangebote versprechen Glück, Heil und Gesundheit. Wir stehen vor der Herausforderung, unterscheiden zu müssen, welche Behauptungen richtig und welche falsch sind.

Angenommen, Sie hätten einen Lieblingsbaum, der von einer Krankheit befallen wäre. Was würden Sie tun? Sie würden nicht veranlassen, daß der Baum gefällt wird. Sie würden auch niemand um Hilfe bitten, der selbst nur kranke und abgestorbene Bäume im Garten hat. Wenn Sie den Baum retten wollen, bitten Sie einen erfahrenen Gärtner um Hilfe, auch wenn dieser möglicherweise drastische Mittel zur Behandlung ergreift. Vielleicht sägt er alle Äste ab, schmiert eine klebrige Paste auf die Enden oder greift zu anderen radikalen Kuren.

Natürlich wäre es viel einfacher, einen Medizinmann herbeizurufen, der um den Baum tanzt. Doch wenn Sie den Wunsch haben, den Baum zu retten, würden Sie nie auf diesen Gedanken verfallen.

Das wirft eine Frage auf. Wenn wir schon unsere Bäume keinem Medizinmann anvertrauen würden, warum vertrauen wir uns selbst immer wieder modernen Medizinmännern an?

Traurig, aber wahr, ist die Tatsache, daß es eine Fülle von New-Age-Heilern gibt, die bereitwillig ihre magischen Künste zur Heilung der Seelenschmerzen von Menschen anbieten. Doch in Wirklichkeit kann diese Heilung niemand vollbringen als allein der Schöpfer des „Baumes“, der Schöpfer des menschlichen Geistes.

Wenn wir wirklich geheilt werden wollen, müssen wir die menschlichen Heiler vergessen und uns dem großen Arzt im Himmel anvertrauen – auch wenn die echte Heilung möglicherweise drastische Behandlungsmethoden erfordert.

Der Fluch der Sünde

In welchem Fall sind Radikalkuren nötig? Immer, wenn etwas radikal falsch ist. Im Falle des Baumes kann es sich um verschiedene Krankheiten handeln, um Schädlingsbefall oder einen Pilz. Im Falle des Menschen führt die Diagnose praktisch immer auf einen einzigen Tatbestand zurück, der sich *Sünde* nennt. Es ist uns zwar unangenehm, unseren Schmerz mit dem Begriff der Sünde in Zusammenhang zu bringen, doch beides ist so eng miteinander verbunden, daß es sich unmöglich trennen läßt. Wir können sogar sagen, daß jeglicher Schmerz durch Sünde verursacht wird, entweder durch eigene Sünde oder durch die Sünden, die andere an uns begangen haben.

Gott hat uns mit der Fähigkeit geschaffen, zu lieben, Beziehungen aufzubauen, mit dem Wunsch, einen Wert zu haben. Er hat uns ein Gewissen gegeben und die Fähigkeit, schöpferisch tätig zu sein. Wenn diese Fähigkeiten und Wünsche durch bestimmte Erfahrungen und durch Sünde verdorben, gemindert und außer Kraft gesetzt werden, *löst es Schmerz in uns aus.* Gott will diese Bereiche unserer Persönlichkeit und unseres Wesens wiederherstellen, so daß wir Seiner ursprünglichen Schöpfung entsprechen. Doch das kann nur geschehen, wenn wir echte Heilung von dem erwarten, der uns geschaffen hat.

Aber wenn uns nicht bewußt ist, daß in jedem Menschen auch ein Potential zum Bösen steckt, können sich diese Fähigkeiten und Gaben, die uns von Gott gegeben sind, zu destruktiven Kräften entwickeln. Sünde ist nicht nur ein theoretischer Begriff, erfunden von Theologen, die am grünen Tisch endlos über wirklichkeitsferne Themen debattieren. Sünde läßt sich konkret benennen; man muß zum Beispiel nur an Dinge wie Kindesmißbrauch, Vergewaltigung, Rassismus, Gewalt, Ausbeutung und andere schreckliche Tatsachen erinnern, um vor Augen zu haben, wie selbstsüchtig wir Menschen sein können.

Paulus sagt in Römer 6:23: „Der Lohn der Sünde ist der Tod", und meint damit den geistlichen Tod. Paulus weiß jedoch, und das wird in seinen Briefen deutlich, daß dieser Tod mit seinen knochigen Fingern jeden Bereich unseres Lebens berührt, nicht nur die Ewigkeit. Drei Kapitel vorher zum Beispiel führt Paulus eine schreckliche Liste von Sünden und ihren Folgen auf: Lügen, Fluchen und böses Reden; Füße, die eilen, Blut zu vergießen; Verwüstung und Elend auf ihren Wegen; keine Kenntnis des Friedens (Röm 3:10-17).

Ich werde später noch mehr über die Sünde sagen, doch zunächst einmal will ich betonen, wie wichtig es ist, ehrlich zu sein; wir müssen eingestehen, daß wir alle von der Sünde *infiziert* sind und an ihren *Folgen* schwer zu leiden haben. Es ist entscheidend, daß wir die Sünde als solche benennen und sie nicht als „Fehler", „Schwächen" oder „bedauerliche Ereignisse" tarnen. Das betrifft sowohl unsere eigene Sünde als auch die Sünden anderer an uns. Es gibt durchaus Fehler, Schwächen und bedauerliche Ereignisse, doch wenn der eigentliche Kern des Problems Sünde ist, dann müssen wir sie auch beim Namen nennen. Wenn wir dies unterlassen, können wir weder die Verantwortung für unsere eigenen Sünden übernehmen, noch können wir anderen die Sünden vergeben, die sie an uns begangen haben.

Manche Seelsorger und Therapeuten gehen einseitig vor und zielen allein darauf, das Selbstbewußtsein des Ratsuchenden zu stärken und ihm zu einem besseren Lebensgefühl zu verhelfen. Doch das ist nur eine Symptombehandlung, bei der die Wurzel des Schmerzes nicht aufgedeckt wird. Natürlich ist es wertvoll, wenn ein Mensch eine positive Lebenseinstellung hat, und vielleicht wird er dadurch auch umgänglicher und ein liebevollerer Ehepartner. Aber das Problem, das den Schmerz verursacht hat, wird dadurch nicht gelöst.

Auf der anderen Seite gibt es auch Seelsorger, deren Methode man auch „Wurm-Psychologie" nennen könnte: Verachte dich selbst; tu Gutes, du nichtsnutziger Wurm; beiß dich durch, überwinde. Mit dieser Methode werden auf die stark schmerzenden Probleme nur seelische Pflaster geklebt.

Meiner Beobachtung nach schwingen die uns angebotenen falschen Heilungsmethoden und Allheilmittel wie ein Pendel zwischen diesen beiden Extremen hin und her. Doch Tatsache ist, daß Verletzungen und Wunden weder durch Aufmunterungsversuche noch durch Appelle oder schnelle Lösungen geheilt werden. Die Angebote in dieser Richtung sehen oft verheißungsvoll aus, doch halten sie nicht, was sie versprechen. Leider gibt es eine Fülle von Angeboten auf dem heutigen Markt, die nur oberflächliche Heilung bringen – selbst in christlichen Kreisen.

Verletzungen und Schmerzen verschwinden nicht durch die Leugnung ihres Vorhandenseins, und genausowenig heilen sie durch Liebe, die nur an der Oberfläche bleibt. Wie sieht nun die Lösung aus? Wie können wir Heilung erfahren? Wo finden wir die wahre Antwort?

Falsche Lösungen zur Heilung

Bevor wir uns ausführlich mit Gottes Therapie zur Heilung unserer Verletzungen befassen, mag es hilfreich sein, einige der falschen Lösungsangebote unserer Zeit unter die Lupe zu nehmen. Etliche dieser Lösungsversuche entspringen einfach unserer menschlichen Natur, andere jedoch werden uns von skrupellosen Menschen angeboten, die wissen, daß man mit dem Schmerz der verwundeten Menschheit Geld machen kann.

1. Anderen die Schuld geben

Die Eagles (eine bekannte Rockgruppe der siebziger Jahre) gaben nach einer Tournee ein neues Album heraus, das einen Song mit dem Titel enthielt: „Get Over It". Don Henley, einer der Leiter der Gruppe, erklärte, dieses Lied sei im Blick auf eine „gesellschaftliche Fehlhaltung" geschrieben worden. Der Song nimmt die Opfer-Mentalität aufs Korn und fordert dazu auf, Verantwortung für unser eigenes Leben zu übernehmen. Man kann nicht bis ans Lebensende Papa und Mama die Schuld für alles Schlechte geben, das man getan hat, lautete die Ermahung der Eagles.

Leider versuchen das viele von uns.

Ein bekannter Pastor in Los Angeles überraschte seine Gemeinde vor einigen Jahren mit einem Kündigungsschreiben. Er erklärte: „Aufgrund der Auseinandersetzung mit Problemen, die von meiner Kindheit herrühren, aufgrund von jahrelanger Leugnung und falschem Umgang mit diesen Problemen wird nun deutlich, daß ich aus eigener Kraft versucht habe, meine Schwierigkeiten in den Griff zu bekommen ... Bei diesem Versuch habe ich, nach der Meinung einiger Gemeindeglieder, die Grenzen des erlaubten Verhaltens überschritten ..."[9]

In der Vorstellung des Pastors lag das Problem nicht in seinem moralischen Versagen, sondern bei „einigen Gemeindegliedern", die meinten, ein Verhältnis mit einer anderen Frau als der eigenen bedeute, „die Grenzen des erlaubten Verhaltens überschritten" zu haben. Vielleicht wäre es besser gewesen, der Pastor hätte eingestanden: „Ich habe gesündigt. Ich habe das Vertrauen meiner Frau mißbraucht. Die Bibel nennt es Sünde, und ich habe diese Sünde begangen." Doch der Pastor formulierte es anders.

Die Methode der Schuldzuweisung funktioniert besonders gut, wenn es den Teufel betrifft. Da er nicht sichtbar anwesend ist und sich nicht verbal verteidigt, kann man ihm leicht die Schuld für alles Böse, das man tut, in die Schuhe schieben.

Vor einigen Jahren fuhr ich mit einem Freund auf der Autobahn. Er fuhr sehr viel schneller als erlaubt, und ich wies ihn darauf hin. Er schaute mich an und meinte völlig ernst: „Ich kann nicht anders. Irgend etwas überkommt mich. Ich muß einfach so schnell fahren."

„Du meinst, so etwas wie einen Geschwindigkeitsdämon?" fragte ich.

„Ja, genau. Ich habe es einfach nicht im Griff."

Da tauchte plötzlich im Rückspiegel ein Blaulicht auf. Ich staunte nicht schlecht, wie schnell mein Freund beim Anblick des Blaulichts den Dämon unter Kontrolle brachte.

Auch Bankräuber, die „besessen“ sind, rauben eine Bank normalerweise nicht vor den Augen bewaffneter Polizisten aus. Kinder, die unter dem „Zwang“ stehen, Plätzchen zu stehlen, tun dies nie in Anwesenheit ihrer Eltern. Studenten schreiben bei einer Prüfung auch nicht in dem Moment ab, wo sich ihr Professor oder Lehrer mit wachsamen Blicken über ihren Tisch beugt.

Verschiedenen jungen Männern, die mit meiner Tochter ausgegangen sind, habe ich (mehr oder weniger im Spaß) gesagt: „Wehe, du legst Hand an meine Tochter, dann breche ich dir die Knochen.“ Ich wollte den jungen Männern Gottesfurcht einflößen (oder Furcht vor mir, was immer wirkungsvoller war), damit sie Misha unter allen Umständen mit Respekt behandelten.

In der heutigen Zeit sind Eltern häufig die Zielscheibe von Schuldzuweisung. Wenn man sich manche Rundfunk- oder Fernseh-Talk-Shows anhört, kann man den Eindruck gewinnen, Eltern seien die Wurzel allen Übels. Kinder machen nie etwas falsch. An ihrem Verhalten sind in jedem Fall die Eltern schuld, selbst wenn das Kind 75 Jahre alt ist und die Eltern schon Ende neunzig.

In einem Cartoon war es einmal so dargestellt: Man sah einen großen Saal, der für eine Konferenz von der „Gesellschaft der Kinder normaler Eltern“ angemietet worden war. Nur vier Personen waren erschienen.

Kann man den Eltern für alles die Schuld geben? Offensichtlich nicht. Ich denke zwar, daß der familiäre

Hintergrund einen Menschen starken Versuchungen aussetzen kann, doch die Behauptung, Eltern seien die *Ursache* unserer Probleme, ist einfach falsch. David Powlison, Professor am Westminster Seminary, wurde genau diese Thematik vorgelegt.[10] Der Berichterstatter fragte: „Untersuchungen zeigen, daß Kinder mit nur einem Elternteil eher Probleme in ihrem sozialen Verhalten, in der Schule und der seelischen Entwicklung haben. Wird daran nicht die absolute Notwendigkeit der Liebe deutlich, und daß ein Mensch, wenn er diese Liebe nicht von anderen Menschen erfährt ..."

„... automatisch zu einem Leben in Kriminalität und Elend vorherbestimmt ist?" warf Powlison ein.

„Nun, nicht gerade *vorherbestimmt*, aber ...", stammelte der Berichterstatter.

Powlison fuhr fort: „Sehen Sie, das ist der Punkt, von dem alles abhängt: Wenn ein Mensch nicht vorherbestimmt ist, dann gibt es auch keine absolute *Notwendigkeit.* Meiner Ansicht nach ist es zutreffender, wenn man sagt, daß Eltern ihren Kindern viele Hindernisse in den Weg legen, wenn sie diese nicht lieben, sie mißbrauchen oder manipulieren. Sie setzen ihr Kind einer starken Versuchung aus, doch gibt es auch immer wieder Ausnahmen: Wir sehen, daß auch Menschen aus schwierigen Verhältnissen ein gutes Leben führen können.

Statt von absoluter *Notwendigkeit* zu sprechen, würde ich sagen, daß die jeweilige Umgebung, in der man aufwächst, ganz bestimmte *Versuchungen* mit sich bringt. Deshalb ist es zum Beispiel nicht verwunderlich, daß Menschen, die mißbraucht wurden, mit Zorn und Mißtrauen zu kämpfen haben.

Ich will erklären, was mich in dieser Überzeugung bestärkt hat. Was geschieht, wenn ein Kind ausgesprochen gute Eltern hat, Eltern, die ihr Kind lieben, fürsorglich sind und denen ihr Kind kostbar ist? Sind solche Kinder ohne Sünde? Natürlich nicht. Wer Annahme erfährt, hat in anderen Bereichen mit Versuchungen zu kämpfen."

Natürlich ist es gut, wenn man ehrlich zugibt: „Ja, meine Eltern haben mich mißbraucht oder mich manipuliert." Das ist ein wichtiger Schritt. Wenn Ihre Eltern nicht für Sie da waren und wenn es Ihnen dadurch an Zuwendung gefehlt hat, seien Sie ehrlich und geben Sie es zu. Aber Sie dürfen Ihre Eltern nicht für Ihre eigenen Entscheidungen verantwortlich machen. In der Bibel heißt es: „Die Seele, die sündigt, soll sterben" (Hes 18:4). Und: „Zu derselben Zeit wird man nicht mehr sagen: ‚Die Väter haben saure Trauben gegessen, und den Kindern sind die Zähne stumpf geworden', sondern ein jeder wird um seiner Schuld willen sterben, und wer saure Trauben gegessen hat, dem sollen seine Zähne stumpf werden" (Jer 31:29-30).

Ich kenne mindestens einen Studenten, der diese Wahrheit dringend hören muß. Ein Professor hatte seine Studenten aufgefordert, eine Beurteilung seines Kurses abzugeben. Der besagte Student schrieb: „Mir hat der Kurs gefallen, ich bin nur der Meinung, daß den Studenten eine zu große Eigenverantwortung für ihr Lernen übertragen wurde."

Wie war das mit den sauren Trauben?

Da unser Selbstwertgefühl sehr stark davon abhängt, wie andere Menschen uns unserer Meinung nach sehen, neigen wir dazu, schnell den anderen die Schuld zu geben, um unser eigenes Selbstwertgefühl zu schützen. Wir haben einen erstaunlich ausgeprägten Hang dazu, die Beurteilung anderer Menschen von der Einschätzung unseres Erfolgs oder Mißerfolgs abhängig zu machen. Manchmal schieben wir anderen Schuld zu, weil wir Angst vor Ablehnung oder vor ungerechtfertigter Bestrafung haben. Angst vor Versagen ist eine starke Triebfeder für unser Verhalten und unsere Ansichten.

Das trifft besonders auf Menschen zu, die uns sehr nahe stehen. Weil wir uns von der Beurteilung der anderen abhängig machen, versuchen wir aus Selbstschutz, deren Verhalten zu beeinflussen. Menschen, die uns in ein schlechtes Licht setzen, sind „schlecht". *Sie müssen bestraft werden*, denken wir. Ihnen die Schuld zu geben, ist ein einfaches Mittel des Selbstschutzes.

Diese Haltung von Selbstschutz bewirkt, daß wir unsere eigenen Fehler und Schwächen nicht betrachten müssen. Wir erkennen sehr schnell die Schwächen der anderen, doch gegen unsere eigenen Fehler und unser selbstsüchtiges Verhalten sind wir meist blind. Es ist leicht, aufzuzeigen, wo die anderen Fehler machen – Schuldzuweisung –, aber schwierig, uns selbst so zu sehen, wie wir sind.

2. Anpassung des Verhaltens

Die Vereinigten Staaten werden zur Zeit von einer großen Welle der Selbsttherapie überrollt. Immer mehr Stimmen werden laut, die sagen: „Ändere deine Persönlichkeit, ändere dein Verhalten, denke positiv, fühl dich gut und entdecke dein ganzheitliches Sein."

Um die Ausmaße dieser Bewegung zu erkennen, muß man nur eine Buchhandlung aufsuchen und einen Blick in die Regale mit Selbsthilfe-Büchern werfen. Hier sind nur einige Titel, die ich bei fünfminütigem Schmökern entdeckt habe:

- *52 Hilfen, um Ihr Selbstwertfühl und Selbstbewußtsein zu stärken*
- *Heilung für die heimlichen Süchte des Lebens*
- *Das Selbstgespräch als Heilmittel*
- *Leben trotz Behördengängen*
- *Selbstwertgefühl in zehn Tagen*
- *Glaube und sei erfolgreich*
- *Sich selbst im Griff haben*
- *Lenken Sie Ihr Unterbewußtsein*

Und dann der Inbegriff aller Selbsthilfebücher:

- *Das große Buch der Lebenshilfe*
  (ein dicker Schinken mit 881 Seiten!)

Aber Veränderung des Verhaltens wird niemals die endgültige Antwort bringen. Wie sollte es auch. Der innere Schmerz des Menschen wird dabei entweder ignoriert oder zu sehr in den Mittelpunkt gerückt, und die Aufmerksamkeit richtet sich nur auf das äußere Tun. Im besten Fall wirkt es wie ein Pflaster.

Trotzdem gibt es ein riesiges Heer von Gurus, die in der einen oder anderen Form ganz bewußt Verhaltensänderung als Hilfsmittel propagieren, selbst unter Christen. Kürzlich hörte ich mit eigenen Ohren, wie ein christlicher Leiter einer Gruppe von Pastoren erklärte:

„Wenn Sie verletzt sind, liegt der Schlüssel zur Selbstheilung darin, Verantwortung zu übernehmen."

Dem kann ich nicht zustimmen. Das ist, als würde man einem Kind mit einem gebrochenen Arm sagen, der Schmerz würde am besten dadurch behandelt, daß es eine Schaufel nimmt und einen Graben aushebt. Zusätzliche Aktivität dient in keiner Weise zur Behebung von Schmerz. Vielleicht wird der Schmerz eine Weile überdeckt, doch letztlich wird das Leiden dadurch nur verstärkt.

3. So tun, als wäre er nicht da

Wir nennen das verleugnen; ignoriere das Problem, dann wird es verschwinden. Eine zur Zeit weit verbreitete christliche Version dieser Anschauung besagt, Glaube bedeute, sich so zu verhalten, als gäbe es das Problem nicht. Wer zugibt, daß er Probleme hat, gibt damit zu, daß er keinen Glauben hat. Wenn man zum Beispiel eine Erkältung bekommt, gesteht man es nicht ein (denn das wäre ein Zeichen von Unglauben); vielmehr muß man den anderen klarmachen, daß das, was wie eine Erkältung *aussieht* und wie eine Erkältung *klingt* und *Schleim* hervorbringt, wie man es sonst nur von einer Erkältung kennt, in Wirklichkeit nur ein Angriff des Teufels ist, der einen mit erkältungsähnlichen Symptomen attackiert.

Ich habe da so meine Zweifel.

Wir können die Wahrheit nicht dadurch leugnen, daß wir religiöse Worte oder Begriffe benutzen, ganz gleich, ob sie von der Glaubensbewegung innerhalb der

Kirche oder dem positiven Denken außerhalb der Kirche stammen. Der wahre biblische Glaube schaut dem Problem ins Gesicht und sagt: „So und so lautet das Problem. Ich habe gesündigt. Ja, das habe ich getan. Gott sieht es, ich sehe es, es ist die Wahrheit. *Aber ich glaube, daß Gott größer ist als das Problem* und daß ich es mit Ihm zusammen bewältigen kann." Das ist wahrer biblischer Glaube.

4. Händchenhalten

Es gibt christliche Kreise, in denen eine oberflächliche Liebe vorherrscht. Anstatt mutig und ehrlich die eigentliche Wurzel des Problems anzugehen, wird nur Händchen gehalten. Durch Händchenhalten weicht man den scharfen Kanten der Wahrheit aus und sucht Heilung in einer unbestimmten, verschwommenen Sentimentalität, die man christliche Liebe nennt. Die Betreffenden werden sicherlich aufrichtig von dem Wunsch bewegt, barmherzig zu sein, doch statt dessen halten sie die Leidenden nur in einem Gefängnis aus lauter Kissen fest.

Ich erlebte vor einiger Zeit in einer Versammlung, wie ein Mann sich erhob und öffentlich bekannte, daß er einen anderen Menschen verletzt hatte. Dieser Mann, ein bekannter christlicher Leiter, bat um Gebet. Sofort standen einige von den Anwesenden auf und wollten für ihn beten, ich eingeschlossen. Doch bevor wir beginnen konnten, erhob sich ein anderer Mann und protestierte gegen den Gebetswunsch: „Das wird sich schon klären!" meinte er. Diese Reaktion war vollkommen unpassend angesichts der Tiefe des Schmerzes, den der Leiter im Blick auf sein verletzendes Handeln empfand. Händchenhalten – oder ein freundliches Auf-die-Schulter-Klopfen wie in diesem Fall – trägt in keiner Weise zur Heilung tiefer seelischer Wunden bei noch zur Heilung des Schmerzes, den wir anderen Menschen durch unser Verhalten zugefügt haben.

Sünde ist schrecklich, und Sünde hat schreckliche Folgen. Ganz gleich, ob es sich um unsere Sünde oder die eines anderen Menschen handelt, Sünde ist zerstörerisch. Wenn wir einen Menschen zur Umkehr und zur Buße über seine Sünde führen wollen, dürfen wir den Prozeß nicht abkürzen. Wenn ein Mensch in einem bestimmten Bereich sein Leben lang gesündigt hat, dann ist vielleicht mehr als fünf Minuten Buße nötig.

Ein Freund von mir erhielt von einem geistlichen Leiter den Rat, sich für den Prozeß der Buße Zeit zu nehmen. Er befolgte diesen Rat. Er nahm sich Zeit, Gott zu bitten, ihm ein wahrhaft bußfertiges und zerbrochenes Herz zu geben. Als Folge davon hat dieser Freund eine spürbare Veränderung seines Lebens erfahren.

Wenn ich dazu ermutige, sich Zeit für die Buße zu nehmen, soll dies keine Aufforderung zu eigener Anstrengung sein. Mir geht es darum, daß wir Gott bitten, unser Herz angesichts der begangenen Sünde wirklich zu zerbrechen. Wenn wir unter einer Sünde leiden, ist es gut, diese wirklich beim Namen zu nennen und das ganze Gewicht dessen, was wir getan haben, zu spüren – besonders, wenn wir damit andere Menschen verletzt haben. Nur dann können wir zum nächsten Schritt der Vergebung übergehen.

Manchmal empfinden wir oder andere Menschen ein tiefes Scham- oder Schuldgefühl; in diesem Fall sollten wir den Prozeß der Buße nicht übereilt vorantreiben. Ebensowenig sollten wir nach einer oberflächlichen Vertröstung und Aufmunterung suchen, wenn wir oder andere Menschen tiefe Verzweiflung oder Schmerz spüren.

5. Seelische Hochspannungs-Erlebnisse

Manche Leute suchen Heilung durch etwas, das ich seelische Hochspannungs-Erlebnisse nenne. Leider entwickeln Menschen, die von dieser Art Erlebnisse angezogen werden und sich davon Heilung erhoffen, eine regelrechte Sucht nach seelischen Höhenflügen, die sie bei Konferenzen, christlichen Konzerten, Erweckungsveranstaltungen, Heilungsgottesdiensten und Seelsorgegesprächen erleben.

Natürlich *sollten* wir Gott für außergewöhnliche emotionale Erfahrungen danken, aber wir sollten nicht erwarten, daß diese zur Norm gehören. Die Bibel weist uns an, Christus in uns zu vertrauen und von Seiner Kraft und Gnade Hilfe für unsere Probleme zu erwarten. Wir brauchen uns nicht in eine fernliegende Stadt zu begeben oder eine besondere Konferenz zu besuchen, um irgendeine Superlösung zu finden.

Wenn wir nicht wissen, wie wir Gottes Kraft und Hilfe erfahren können, ist es durchaus gut, andere um Hilfe zu bitten. Ich bin nicht dagegen, erfahrene christliche Seelsorger oder reife Brüder oder Schwestern in Christus um Rat aufzusuchen, damit wir schmerzvolle

Erfahrungen besser überwinden können. Ich warne nur davor, einen geistlichen Höhenflug nach dem anderen zu suchen.

Um ehrlich zu sein, bin ich unter anderem deshalb auch etwas skeptisch im Blick auf manche Erweckungsbewegungen unserer Tage. Hunderte von aufrichtigen Gläubigen reisen Tausende von Kilometern, um einen Hochspannungs-Erneuerungssegen zu empfangen. Doch das ist nicht die Lösung. Wenn Sie an Jesus Christus glauben, dann ist die Kraft, die Jesus von den Toten auferweckt hat, in Ihnen. Sie brauchen nicht das Gewand eines Menschen zu berühren (anders als das Gewand Jesu) oder eine Pilgerfahrt in eine entfernte Stadt zu unternehmen, um diese Kraft zu bekommen. Sollten wir uns, wenn wir Hilfe benötigen, nicht vielmehr an den Schöpfer des Universums wenden, der in uns wohnt?

6. Seelische Entblößung

Es ist in unserer Zeit fast in Mode gekommen, sich zu entblößen und ausführlich alle schändlichen Einzelheiten der eigenen Vergangenheit zu erzählen. In den Talk-Shows wird es uns vorgemacht; um die Einschaltquoten zu garantieren, wird jedesmal eine neue Sensation preisgegeben.

Leider bleibt auch die Gemeinde vor diesem Trend nicht verschont. Häufig sind die Bekenntnisse unvollständig und nur oberflächlich ehrlich; es handelt sich um „seelische Entblößung". Bei solchen Bekenntnissen gestehen die Betroffenen nur selten eine Eigenverantwortung für die Ursache ihrer Schmerzen und Verletzungen ein.

Es ist durchaus wichtig, unsere Gefühle ernst zu nehmen und sie ehrlich zuzugeben; doch genauso wichtig ist die Erkenntnis, daß manche Dinge lieber unausgesprochen bleiben sollten. Gott erwartet nicht von uns, daß wir allen alles sagen. Im Gegenteil, die Bibel erklärt nachdrücklich, daß manche Dinge nicht ausgesprochen werden sollten (siehe Eph 5:12). Das gilt auch für Gruppentherapie und Seelsorgegespräche, bei denen Menschen dazu aufgefordert werden, in beschämender Ausführlichkeit vor den Ohren anderer von ihren sexuellen Sünden zu berichten. Ich bin der Überzeugung, daß wir nicht jedem alles zu erzählen haben und nicht unter dem Zwang stehen, anderen Menschen alles Schlechte, das wir jemals getan haben, offenbaren zu müssen.

Ich will an dieser Stelle ganz offen sein, auch wenn manche dies nicht gern hören. Wir sollten nicht vor anderen über die Einzelheiten unseres Sexuallebens, Masturbation und alle anderen peinlichen Themen sprechen, von denen heute die Bücher, Zeugnisse und Bekenntnisse voll sind. Ich heiße es nicht gut, wenn solche Dinge in öffentlichen Zeugnissen oder Bekenntnissen berichtet werden, und ich weiß von vielen anderen Christen, die das ebenfalls ablehnen. Manchmal kommen Leute zu mir und erklären: „Dieses Buch hat mich regelrecht 'runtergezogen“, oder: „Nachdem ich das Zeugnis gehört hatte, fühlte ich mich unrein.“ Wir müssen uns davor hüten, gesellschaftliche Werte zu übernehmen, die sich nicht auf biblische Prinzipien gründen.

Andererseits wird die Macht einer „heimlichen Sünde" oft dadurch gebrochen, daß man sie vor einem reifen Christen bekennt (jedoch nicht vor einer Person, die dieselbe Schwäche hat!). Eine solche Vertrauensperson ist Zeuge unserer Offenheit und Ehrlichkeit und kann uns die Vergebung Gottes in Christus zusprechen. Ein solches Vorgehen deckt sich mit den Anweisungen in Matthäus 18:15-20 und Jakobus 5:16.

7. Schnelle Lösungen

Unsere Persönlichkeit ist das Ergebnis einer komplexen Fülle von Gefühlen, Entscheidungen, Umständen und geistlichen Kämpfen. Deshalb ist es unrealistisch, zu sagen, daß eine Person angesichts einer derartigen Komplexität mit einfachen Methoden geheilt werden könnte. Die einzige wirklich einfache Lösung, die ich kenne, ist das Kreuz Jesu Christi; aber selbst hier müssen wir lernen, wie das Kreuz bei den alten Verhaltensmustern, die wir unser Leben lang eingeübt haben, wirksam werden kann.

Bei einem Besuch in Palm Springs in Kalifornien stieß ich auf einen interessanten Artikel in der Lokalzeitung. Die Überschrift lautete: „Sucht die Gesellschaft nach einer Instant-Psychotherapie?"[11] Der Untertitel hieß: „Fast Freud". Es wurde eine Gesellschaft beschrieben, in der alles ausprobiert wird, das eine schnelle Lösung der Probleme verheißt. „Hier auf der Jahreskonferenz der ‚American Association for Marriage and Family Therapy' sorgt das Thema Kurztherapie für erhitzte Diskussionen. Zunehmend wird in dieser Berufssparte über eine Therapieform mit zum Teil weniger als zehn Sitzungen gesprochen – die Kosten sind bereits auf die Pläne der Krankenversicherungen abgestimmt; die zu behandelnden Probleme werden jedoch immer schwerwiegender. Das Ziel der Kurztherapie ist Symptombehandlung und nicht veränderte Persönlichkeiten."

Ein Therapeut warb sogar für ein Video, durch das angeblich in fünf Minuten eine Phobie geheilt werden könnte. Einige Konferenzteilnehmer äußerten Bedenken über den Trend zur Kurztherapie. Er paßt jedoch eindeutig zur Lebensweise unserer Zeit. Die Menschen wollen eine schnelle Lösung für tiefsitzende Probleme, selbst wenn sich die Therapie nur auf eine Symptombekämpfung konzentriert.

In Wahrheit jedoch bringen solche schnellen Lösungen keine Heilung. Geistliche Formeln, Drei-Punkte-Programme und die Teilnahme an christlichen Konferenzen, auf denen Redner geistliche „Geheimnisse" verraten, mögen bis zu einem gewissen Grad hilfreich sein, werden jedoch keine dauerhafte Hilfe für tiefsitzende Probleme bringen. Der Herr warnte in Jeremia 6:14 vor solchen Lösungen: „Sie heilen den Schaden meines Volkes nur obenhin, indem sie sagen: ‚Friede! Friede!', und ist doch nicht Friede."

Eine junge Frau gestand mir, sie habe Probleme damit, ungeduldig zu sein. Sie habe darüber gebetet und meinte, der Herr habe ihr gezeigt, ich solle für sie um die Gabe der Geduld beten. Ich erklärte ihr, gern für sie zu beten, aber ließ sie auch wissen, daß ihr mein Gebet bestimmt nicht gefallen würde. Sie schaute mich sehr verwundert an und fragte: „Warum nicht?"

Ich antwortete: „In der Bibel heißt es, daß Bedrängnis Geduld bewirkt, also werde ich beten, daß Sie viel Bedrängnis in Ihrem Leben haben werden."

„Aber ich *will* doch keine Bedrängnis haben, ich will Geduld!" erklärte sie.

Mein Gebet für sie kam nicht zustande.

8. Leistungsdenken

Ein weiterer Versuch der Heilung besteht darin, daß wir Leistung erbringen wollen, um anderen zu gefallen. Wenn wir das Wohlgefallen der anderen suchen, machen wir das Bild, das wir von uns haben, und unser Selbstwertgefühl von anderen Menschen abhängig. Das kann solche Ausmaße annehmen, daß *wir schließlich nicht mehr unterscheiden können, was wir selbst wollen und was wir unternehmen, um anderen zu gefallen.*

Leistung ist niemals sinn- oder bedeutungslos. In unserem Handeln spiegelt sich immer das wider, was wir über uns selbst denken. Wenn sich nun unser Wertgefühl und unsere Identität auf die Zustimmung anderer Menschen gründet, werden wir immer zutiefst unsicher bleiben. Wir müssen uns vor Augen halten, daß Menschen sich ändern. Sie ärgern sich über uns, sie distanzieren sich von uns, sind genauso unsicher, und viele wissen genauso wenig wie wir selbst! In unserer Gesellschaft wimmelt es nur so von Menschen, die alles tun, um Anerkennung zu erlangen; und doch ist ihr Mühen vergeblich. Warum? Es ist wie bei einer Katze, die den eigenen Schwanz zu fangen versucht. Auf diesem Weg gibt es einfach keine Heilung.

Wenn wir etwas leisten, um Menschen oder Gott zu gefallen, passen wir unsere Handlungen und unsere Einstellung einer Norm an, damit wir uns gut fühlen. Leistungsorientiertes Verhalten gründet sich auf die Lüge, daß Anerkennung von Menschen oder von Gott (das, was wir Erfolg nennen) uns glücklich macht und Erfüllung bringt.

Robert McGee sagt dazu: „Bewußt oder unbewußt kennt jeder von uns das Gefühl, daß wir bestimmten, willkürlichen Normen entsprechen müssen, um eine Daseinsberechtigung zu erlangen. Mangelnde Beachtung dieser Normen bedeutet eine Bedrohung unserer Sicherheit und unseres Selbstwerts. Diese Bedrohung, ob berechtigt oder unberechtigt, bewirkt Angst vor Versagen, so daß wir schließlich die Lüge glauben: Ich muß gewissen Normen entsprechen, um ein gutes Selbstwertgefühl zu haben.“ [12]

Der Trieb, dieses vermeintliche Glück zu erlangen, hängt bis zu einem gewissen Grad von unserer Persönlichkeit und unseren geistlichen Gaben ab – aber nicht gänzlich. Selbst Menschen, die Großes leisten (wir nennen sie Visionäre), können lernen, ihr Wertgefühl durch Gottes Liebe zu empfangen und nicht durch die Anerkennung von Menschen.

Leistungsstarke Menschen werden von dem Wunsch getrieben, Hindernisse zu überwinden und sich großen Herausforderungen zu stellen. Sie benötigen es, um das Gefühl zu haben, etwas Wichtiges, etwas von Bedeutung im Leben zu vollbringen. Andere wieder suchen ihr Selbstwertgefühl darin, daß sie anderen Menschen helfen und ihre Zeit für Seelsorge und diakonische Dienste einsetzen. Eine nächste Gruppe sucht Sinn darin, daß sie das eigene Leben und das anderer Menschen organisiert. Leider handelt es sich bei vielem, das im Namen Gottes unternommen wird, um „tote Werke". Wer in Gottes Armee auf Leistung ausgerichtet ist, bringt keine gute Frucht.

Wie können wir Heilung erlangen?

Um die ersehnte Heilung zu erlangen, müssen wir vielleicht zuallererst erkennen, daß Gott selbst unseren Schmerz getragen und einen Weg für unsere Heilung bereitet hat. Er ist in unseren Schmerz hineingetreten – und das hat Ihn viel gekostet und war alles andere als einfach.

Charles Wesley kam schon vor mehr als zweihundert Jahren zu dieser Erkenntnis. Die erste Strophe des herrlichen Chorals „And Can It Be, That I Should Gain?" lautet:

> Kann es denn sein, daß ich erlang'
> ein Anteil an des Heilands Blut?
>
> Starb er für mich, der ich ihm Pein gemacht?
> Für mich, der ihm den Tod gebracht?
>
> O große Lieb', wie kann es sein,
> daß du, mein Gott, für mich dort starbst?

Ja, Gottes Liebe ist groß und unverständlich, und das um so mehr, als Wesley zu Recht sagt: *Wir* sind es, die *Seinen* Schmerz verursacht haben. Doch durch das, was

Jesus am Kreuz vollbrachte, sind wir frei. Wir sind von allen Ketten befreit. Sie sind zerbrochen!

Aber es soll noch einmal mit Nachdruck gesagt sein: Es hat Gott sehr viel gekostet, und es war alles andere als einfach.

5

Gottes eigener Schmerz

Unvorstellbar brutal. Teuflisch. Unmenschlich. So war die Besetzung Koreas zu Anfang dieses Jahrhunderts. Die Eroberer verübten an der wehrlosen Bevölkerung kaltblütig unbeschreibliche Greueltaten. Die Verwüstung durch jene Terrorherrschaft war so schrecklich, daß viele Koreaner bis auf den heutigen Tag durch diese Grausamkeit tief in ihrer Seele verwundet sind.

Ein besonders grauenhafter Vorfall hilft uns vielleicht zu verstehen, warum der Schmerz bis heute andauert. Als die Japaner 1910 in Korea einfielen, veranlaßte das Militär als einer der ersten Schritte, daß die Kirchen zugenagelt und die meisten ausländischen Missionare deportiert wurden. Die Eroberer erteilten ein Versammlungsverbot für die Gemeinden und inhaftierten viele christliche Leiter. Je weiter das Reich der aufgehenden Sonne in Asien vordrang, desto heftiger wurde die Verfolgung.

Es gab einen Pastor, der wiederholt den zuständigen japanischen Aufsichtsführenden um Erlaubnis bat, wieder Gottesdienste feiern zu dürfen. Seine Bitte wurde immer wieder nur abgelehnt, bis man ihm schließlich mitteilte, er dürfe ausnahmsweise zu einem Gottesdienst einladen. Die Nachricht verbreitete sich in Windeseile unter den Christen in jener Gegend, und alle waren überglücklich. Lange vor Tagesanbruch erschienen die ersten Gläubigen, alle sehnten sich danach, endlich wieder als Volk Gottes zusammenkommen zu können. Schließlich wurden die Türen geschlossen, und voll Jubel stiegen Loblieder zu Gott empor; die Herzen waren voll Freude.

Die Freude war so groß, daß niemand hörte, was sich draußen abspielte. Während die Koreaner sangen, verbarrikadierten die Japaner die Türen, übergossen das Gebäude mit Benzin und steckten es an. Als der erste Rauch in die Räume drang, merkten einige Christen, was geschah, und rannten zu den Fenstern. Sie wurden von einer Salve Gewehrkugeln durchsiebt.

In diesem Augenblick wurde auch dem Pastor die schreckliche Situation bewußt. Irgendwie gelang es ihm, die dem Tod geweihte Gemeinde zu beruhigen und ein letztes Loblied anzustimmen. Kurz bevor das Dach einstürzte und das ganze Gebäude nur noch ein brennendes Inferno war, sang die Gemeinde wie mit einer Stimme die berühmten Worte:

> Es war am Kreuz, es war am Kreuz,
> Wo ich zum ersten Mal das Licht sah
> Und die Last meines Herzens abfiel,
> Dort wurde ich durch den Glauben sehend,
> Und nun bin ich glücklich jeden Tag!

Dann wurden alle von den Flammen verschlungen.[13] Wer von außen Zeuge des Massakers geworden war, konnte das Geschehen nicht mehr vergessen. Wie sollte er auch? Einige Augenzeugen waren nicht nur ohnmächtig vor Wut gegen die Japaner, sondern auch gegen Gott. Wenn das Böse des Menschen barbarisch wird, kann man fast mit hundertprozentiger Sicherheit sagen, daß irgend jemand die Frage stellt: „Wo ist Gott? Wenn Er allmächtig ist, warum greift Er dann nicht ein? Läßt Ihn dieses Grauen unberührt? Ist es Ihm gleichgültig, daß diese Menschen so leiden und sterben müssen? Kümmert Er sich nicht darum?“

Ich bin zwar nie Zeuge eines solchen Grauens geworden, aber ich habe schon genug Menschen in der Seelsorge gesprochen, die mir in ihrem Schmerz ähnliche Fragen gestellt haben: „Sieht Gott nicht, wie groß mein Schmerz ist? Warum unternimmt Er nichts?“

Unser Gott ist ein Gott, der nicht nur tiefe Gefühle besitzt, sondern selbst mehr Schmerz erlitten hat, als wir es uns je vorstellen können, selbst wenn wir mehrfache Leben besäßen. Meiner Erkenntnis nach ist es äußerst wichtig, daß verletzten Menschen diese Tatsache bewußt wird. Es wäre ein gewaltiger Fehler, sich unseren Herrn als eine entfernte gleichgültige Gottheit vorzustellen, ungerührt und mitleidslos gegen den menschlichen Schmerz. Gott weiß davon, wenn wir Schmerz empfinden, und identifiziert sich mit uns in unserer Not; doch Er selbst hat sich darüber hinaus einem unfaßbar großen Schmerz ausgesetzt, den wir niemals ganz werden begreifen können.

Ich will gleich zu Beginn deutlich aussprechen, daß Sie sich nach dem Lesen dieses Kapitels *nie wieder fragen werden, ob Gott von Ihren Gefühle berührt ist oder nicht.* Gott weiß, wann Sie verletzt sind; Sie sind Ihm unendlich wichtig. Er selbst ist viel tiefer verletzt worden, als Sie es sich jemals vorstellen können.

Der Schmerz Gottes

Es ist eine bemerkenswerte Tatsache, daß in *keinem* der mir bekannten Werke der systematischen Theologie Gottes Gefühle erwähnt werden. Die Theologen mühen sich darum, die Existenz Gottes, Seine Gebote, Sein Wesen und andere Aspekte zu beschreiben, doch selten, wenn überhaupt, sprechen sie über die Gefühle unseres Herrn und noch viel weniger über Seinen *Schmerz*.

In der Bibel jedoch wird Gottes Schmerz an vielen Stellen als einer der Hauptbeweggründe für Sein Handeln genannt. Ich will nachfolgend in keiner Weise versuchen, dieses Thema erschöpfend zu behandeln, aber ich möchte Ihnen einige Bibelabschnitte vorstellen, die von dem Schmerz Gottes sprechen. Vielleicht wird Sie das, was Sie entdecken, überraschen.

1. Gott bereitet die Sünde großen Schmerz

Praktisch gleich zu Beginn des biblischen Dramas, nachdem der Vorhang sich geöffnet hat, berichtet die Bibel davon, daß Gott das Herz brach angesichts der Sündhaftigkeit Seiner Schöpfung. „Da reute es ihn, daß er die Menschen gemacht hatte auf Erden, und es bekümmerte ihn in seinem Herzen", heißt es in Genesis 6:6. Das Wort, das mit „reute" übersetzt wird, stammt von dem hebräischen Wort *naham* und wird an anderer Stelle auch mit „leid tun", „sich trösten" wiedergegeben. Der schmerzliche Ausdruck „es bekümmerte ihn in seinem Herzen" kommt von dem hebräischen Begriff *asab*, der soviel wie bedrückt sein, Schmerzen haben, verletzt bedeutet.

Diese bedeutungsschweren Worte zeigen, wie tief die Enttäuschung Gottes über Seine gefallene Schöpfung war und was für einen unendlich großen Kummer dies in Seinem Herzen auslöste. Nach Aussage des nächsten Verses wurde Gott durch diesen großen Kummer dazu bewegt, die Sintflut zu schicken, durch die die ganze Menschheit mit Ausnahme von Noah und seiner Familie ausgelöscht wurde. Gottes Schmerz war tief und echt und überwältigte Ihn regelrecht. In Genesis 6:6 wird ganz bestimmt kein Gott beschrieben, den tiefe Gefühle nicht verletzen oder berühren könnten.

Das hebräische Wort *naham* wird in der Bibel wiederholt benutzt, wenn Gottes Kummer über Seine sündigen Kinder beschrieben werden soll. „Es *reut* mich, daß ich Saul zum König gemacht habe; denn er hat sich von mir abgewandt und meine Befehle nicht erfüllt", sagt der Herr zu Samuel (1 Sam 15:11). Damit wir auf keinen Fall die Bedeutsamkeit dieser Aussage unterschätzen, wird sie einige Verse später noch einmal wiederholt: „... weil es den Herrn *gereut* hatte, daß er Saul zum König über Israel gemacht hatte" (15:35). Sünde betrübt Gott jedes Mal; sie verursacht bei Ihm immer Schmerz. Das ist einer der Gründe für meine Behauptung, daß wir niemals auch nur entfernt werden verstehen können, wie groß und tief und stark Gottes Schmerz ist. Jede einzelne Sünde eines jeden einzelnen Menschen, der jemals gelebt hat – jede Lüge, jede lieblose Bemerkung, alle Gier, Raub, Mord, Stolz, Eifersucht, Neid, Trunksucht und was es sonst noch gibt –, betrübt Gottes liebendes Herz zutiefst. Können Sie sich angesichts dieser Fülle vorstellen, wie groß Sein Schmerz ist? Ich kann es nicht.

Der Prophet Hesekiel benutzt einen weiteren bildhaften Ausdruck, um Gottes Schmerz darüber zu beschreiben, daß Sein Volk Ihn nicht mehr liebt. „Ich bin *betrübt* durch ihr ehebrecherisches Herz, das sich von mir abgewandt hat, und durch ihre Augen, denen es nach den Götzen gelüstet", sagt der Herr (Hes 6:9). An dieser Stelle steht das hebräische Wort *sabar*, das normalerweise mit „zerbrechen", „in Stücke brechen", „zerschlagen" übersetzt wird. Es wäre nicht übertrieben, wenn man sagt, daß Hesekiel einen Gott beschreibt, dessen liebendes Herz durch die grenzenlose Treulosigkeit Seiner geliebten Kinder regelrecht zerbrochen ist.

2. Gottes Schmerz über die Not Seines Volkes

Sünde ist nicht das einzige, was Gott Schmerzen bereitet. Denken wir nur an die Zeit, als der Herr ganz Israel richtete, nachdem David die Volkszählung vorgenommen hatte. Tausende von Israeliten starben durch die Hand eines Engels. Die Katastrophe war so schrecklich, daß es in der Bibel heißt: „Als aber der Engel seine Hand ausstreckte über Jerusalem, um es zu verderben, *reute* [*naham*] den Herrn das Übel, und er sprach zum Engel, der das Verderben anrichtete im Volk: Es ist genug; laß nun deine Hand ab!" Der Grund für die Pest war zwar Davids Sünde, doch die Ursache für die Betrübnis des Herrn war das große Leiden der Menschen. Auch hier wird wieder alles andere als das Bild eines gleichgültigen und fernen Gottes gezeichnet!

Das Wort *asab*, mit dem in Genesis 6:6 Gottes Schmerz beschrieben wird, findet sich noch an anderer Stelle. Jeremia, der weinende Prophet, verkündigte die Worte des Herrn an das rebellische Volk, das sich kurz vor der Zeit des Exils befand: „Werdet ihr in diesem Lande bleiben, so will ich euch bauen und nicht einreißen; ich will euch pflanzen und nicht ausreißen; denn es hat mich *gereut* das Unheil, das ich euch angetan habe“ (Jer 42:10).

Auch hier sehen wir erneut, daß zwar der Herr selber aufgrund der Sünde Seines Volkes Unglück über das Volk brachte; aber die Folgen, die das für Sein Volk hatte, bereiteten Ihm sehr viel Kummer. Es mißfällt Ihm, Sein geliebtes Volk leiden zu sehen. Der Herr straft Seine Kinder niemals gern; am liebsten würde Er es gar nicht strafen. Aber wenn es die einzige Möglichkeit ist, um Seine in die Irre gehenden Söhne und Töchter wieder auf den rechten Weg zu bringen, dann greift Er manchmal zu harten Mitteln. Besonders in Klagelieder 3:31-33 kommt Sein mitleidsvolles Herz zum Ausdruck. Nachdem Jeremia das Grauen der Zestörung Jerusalems miterlebt hat, versichert er uns:

> „Denn der Herr verstößt nicht ewig;
> sondern er betrübt wohl
> und erbarmt sich wieder
> nach seiner großen Güte.
> Denn nicht von Herzen plagt
> und betrübt er die Menschen.“

Jesaja beschreibt dieselbe Wahrheit in 63:9-10a. Dort heißt es: „In all ihrer Angst war ihm angst. Der Bote seines Angesichts hat sie gerettet. In seiner Liebe und in seinem Erbarmen hat er sie erlöst. Und er hob sie auf und trug sie alle Tage der Vorzeit. *Sie* aber, sie sind widerspenstig gewesen und haben seinen Heiligen Geist betrübt."

Das Wort, das hier mit „Angst" übersetzt ist, lautet im Hebräischen *sarah* und kann auch mit „Not" wiedergegeben werden. Der Prophet spricht davon, daß Gott „angst war" angesichts des Leidens Seines Volkes, und verwendet dazu das Wort *sar*, das die zusätzliche Bedeutung von „Qual" hat. Als Gott die Not Seines Volkes sah – ihre Schwierigkeiten, Angst und Qual –, rief es bei Ihm, nach den Worten Jesajas, einen Schmerz hervor. Es tat Ihm weh; es bereitete Ihm Not. Es bewegte Ihn dazu, Seine mächtige rechte Hand zu erheben und Sein Volk zu befreien, ja, Er „trug" sie sogar! Aber sie verstanden Ihn immer noch nicht. Sie waren nach wie vor rebellisch, was nach Jesajas Worten den Herrn „betrübte" (wieder *asab*, wie in Gen 6:6).

Wenn Sie immer noch nicht sicher sind, ob unser Leid und unser Schmerz Gottes Herz berühren, lesen Sie Richter 10:16: „Und sie taten von sich die fremden Götter und dienten dem Herrn. Da jammerte es ihn, daß Israel so geplagt wurde."

Haben Sie jemals zusehen müssen, wie ein geliebter Mensch eine viel zu schwere Last zu tragen hatte, so daß er darunter fast zusammenbrach? Vielleicht hat sich Ihr Sohn oder Ihre Tochter schon einmal mit einer Mathematikaufgabe herumgeplagt, ohne sie zu verstehen, und Sie mußten tatenlos zusehen. Oder vielleicht haben Sie einen guten Freund, der sich tagtäglich mit einem launischen, unberechenbaren Chef herumschlagen muß.

Oder vielleicht mußten Sie hilflos zusehen, wie Ihr Ehepartner mit Depressionen zu kämpfen hatte. Wie gern hätten Sie etwas unternommen, um diesen Ihnen so kostbaren Menschen beizustehen! Wie gern hätten Sie irgend etwas getan, um die Situation dieser Menschen zu erleichtern. Sie haben dem anderen so lange in seiner Not zugesehen, bis Sie den Anblick nicht mehr ertragen konnten. Es hat Ihnen unsägliche Schmerzen bereitet.

Genau diese Situation wird in Richter 10:16 geschildert. Es stimmte, Israel hatte gesündigt. Es stimmte, das Volk hatte sich von Gott abgewandt. Es stimmte, sie hatten mit fremden Göttern Hurerei getrieben – und das hatte sie unweigerlich in Not und Elend gebracht. Doch wie reagierte Gott, als sie sich nun von den nichtigen Götzen abwandten und erneut beim Ihm Zuflucht suchten? Mit Zorn? Nein! Er reagierte mit Liebe. Mit Freude. Er jubelte! Warum? Weil Er Sein Volk liebt und „es ihn jammerte, daß Israel so geplagt wurde".

3. Gottes Schmerz, der das Gericht überwindet

Die oben genannten Bilder sind sehr aussagekräftig; doch in Hosea 11:8 findet sich ein noch bemerkenswerterer Abschnitt. Dieser Schmerzensschrei über unerwiderte Liebe findet im ganzen Alten Testament keine Parallele. Als dieser Abschnitt geschrieben wurde, hatte Gott schon viele Jahre lang, viele Jahrzehnte lang den Irrwegen und der Untreue Seines Volkes zusehen müssen. Der Zeitpunkt rückte immer näher, an dem sich das Gericht nicht mehr aufhalten ließ. Doch der Herr konnte den Gedanken an das kommende Unglück nicht ertragen und rief aus:

> „Wie kann ich dich preisgeben, Ephraim,
> und dich ausliefern, Israel?
> Wie kann ich dich preisgeben gleich Adma
> und dich zurichten wie Zeboïm?
> Mein Herz ist andern Sinnes,
> alle meine Barmherzigkeit ist entbrannt."

J. B. Hindley schreibt in seinem Kommentar: „... hier ahnen wir etwas von dem Herzen Gottes ... es *graut* Ihn, Er ist aufgewühlt, und Seine *Barmherzigkeit* ist entbrannt. Er ruft gequält: ‚Wie kann ich nur?'" [14]

Gottes Schmerz wurde ausgelöst durch das unmittelbar bevorstehende schwere Gericht. Es handelt sich um Sein Volk, und doch weiß Er, daß die Katastrophe nicht länger zurückgehalten werden kann; die Sünde des Volkes muß bestraft werden. Gottes Gedanken gehen zurück zu einer früheren Katastrophe ähnlich der bevorstehenden, und es graut Ihn. Adma und Zeboïm gehörten zu den Städten, die zusammen mit Sodom und Gomorra zerstört worden waren. Ihr grauenvolles Schicksal wird in Deuteronomium 29:22 geschildert: „... all ihr Land hat er mit Schwefel und Salz verbrannt, daß es weder besät werden kann noch etwas wächst noch Kraut darin aufgeht gleichwie ... Adma und Zeboïm zerstört sind, die der Herr in seinem Zorn und Grimm zerstört hat."

Der Gott, „der in Ewigkeit wohnt" [15], und vor dem „ein Tag wie tausend Jahre ist und tausend Jahre wie ein

Tag"[16], sieht das Bild dieser beiden Katastrophen vor sich, als handele es sich um ein und dasselbe Ereignis – und Ihm bricht das Herz.

„Wie kann ich nur?" fragt Er. „Wie kann ich nur?" Das drohende Verderben bewegt Sein Herz, so daß Er in größte Unruhe gerät und eingesteht: „Mein Herz ist anderen Sinnes; alle meine Barmherzigkeit ist entbrannt."

Er denkt über das schreckliche Geschehen nach und erklärt schließlich, daß Er Israel nicht vollkommen verderben will, auch wenn seine vielen Sünden eine solche Strafe rechtfertigen würden. Zwar wird Er das Volk hart züchtigen; doch Er verheißt, daß Er eines Tages Seine Söhne und Töchter zurückbringen und ihnen wieder Seinen Segen und Seine Gunst zuwenden wird.

Nun möchte ich die Frage stellen: Erweckt das das Bild eines gleichgültigen Gottes, eines Gottes, der von unseren Schmerzen und Nöten unberührt bleibt? Erweckt das das Bild eines Roboter-Gottes, ohne Gefühle und leidenschaftliche Empfindungen?

Oder erweckt das das Bild eines Gottes, dessen Herz gefühlsmäßig so stark mit dem Herzen Seiner Kinder verbunden ist, daß ihr Schmerz auch Ihm notgedrungen Schmerz bereitet?

Es fällt nicht schwer, eine Antwort auf diese Frage zu geben.

4. Gottes Schmerz über unsere Schwachheit

Gott empfindet nicht nur Schmerz angesichts unserer Sünde, unserer Not und des zukünftigen Gerichts; sogar der Anblick unserer Schwachheit bricht Ihm das Herz. In dem berühmten Bibelabschnitt des Römerbriefs, Kapitel 8, findet sich ein bestimmtes Wort, dem meistens zu wenig Beachtung geschenkt wird. Paulus spricht in diesem Kapitel ausführlich über das Leiden, die Herrlichkeit, Hoffnung, Freiheit und die Annahme als Kinder Gottes. Er will unseren Blick auf die herrliche Zukunft lenken, die uns erwartet, und uns gleichzeitig für das Leben „hier unten" ausrüsten. In diesem Zusammenhang sagt er in Vers 26:

„Desgleichen hilft auch der Geist unserer Schwachheit auf. Denn wir wissen nicht, was wir beten sollen, wie sich's gebührt; sondern der Geist selbst vertritt uns mit unaussprechlichem Seufzen."

Erraten Sie, welches Wort in diesem Satz in der Regel unbeachtet bleibt? Das Wort „Seufzen". Ich vermute, wir sind so dankbar über die Einsicht, daß der Geist selbst für uns betet, wenn wir nicht wissen, wofür wir beten sollen, daß wir diesem einen, jedoch wichtigen Wort überhaupt keine Beachtung geschenkt haben. Das ist verständlich, aber bedauerlich.

Was ist dieses „Seufzen"? Das Wort im griechischen Originaltext lautet *stenagmos* und bedeutet „seufzen", „stöhnen".[17] Im Neuen Testament kommt dieses Wort nur an dieser Stelle und in Apostelgeschichte 7:34 vor. Dort berichtet Stephanus von wichtigen Ereignissen der Geschichte Israels und zitiert die Worte, die Gott vor dem Auszug aus Ägypten sprach: „Ich habe gesehen das Leiden meines Volkes, das in Ägypten ist, und habe sein *Seufzen* gehört und bin herabgekommen, es zu erretten."

Wir seufzen, wenn wir Schmerzen haben. Wir seufzen, wenn uns etwas weh tut. Ein Seufzer ist „ein gedämpfter, klagender Laut, den man in Schmerz oder Kummer ausstößt".[18]

So unglaublich es auch scheint, genau das tut der Heilige Geist für uns, wenn Er an unserer Stelle betet, die Gebete spricht, die wir nicht beten können. Er *seufzt!*

In einem alten Kommentar heißt es: „Wenn die Gebete der Gläubigen so tief und schwer sind, daß man sie nicht mit Worten ausdrücken kann, wenn sie mehr wie ein Seufzen aus dem Herzen emporsteigen und nicht so sehr erkennbaren Worten gleichen, dürfen wir wissen, daß der Heilige Geist sie hervorgerufen hat. Er selbst betet für uns zu Gott."[19]

Wie betet Er? Mit einem Seufzen, das zu tief ist für Worte. Gottes Geist sieht uns in unserer Schwachheit – in unserer Begrenztheit und Unfähigkeit – und wird von einer so großen Liebe und Barmherzigkeit für uns bewegt, daß Er die Bitten, die Er für uns vor Gott bringt, nicht mit Worten ausdrücken kann, sondern nur mit einem tiefen Seufzen.

Der Schmerz des Sohnes

Als Jesus vor zweitausend Jahren hier auf der Erde lebte, war Er durch und durch ein Mensch aus Fleisch und Blut. Er aß. Er schlief. Er arbeitete. Er wurde müde. Er schwitzte. Er staunte.

Und Er empfand Schmerz. Wir wollen uns einige Bibelstellen ansehen, aus denen deutlich hervorgeht, daß Jesus Schmerz empfand, echten, unangenehmen, manchmal durchdringenden Schmerz.

* Johannes 11:33-35,38. „Als nun Jesus sah, wie sie weinte und wie auch die Juden weinten, die mit ihr gekommen waren, fühlte er sich im Geist heftig bewegt und erschüttert. Darauf fragte er: ‚Wo habt ihr ihn beigesetzt?' Sie antworteten ihm: ‚Herr, komm und sieh es!' Jesus weinte ... Da geriet Jesus in seinem Innern aufs neue in heftige Erregung ..."
* Matthäus 23:37-38. „Jerusalem, Jerusalem, die du tötest die Propheten und steinigst, die zu dir gesandt sind! Wie oft habe ich deine Kinder versammeln wollen, wie eine Henne ihre Küken versammelt unter ihre Flügel; und ihr habt nicht gewollt! Siehe, euer Haus soll euch wüst gelassen werden."
* Lukas 19:41-42. „Und als er nahe hinzukam, sah er die Stadt und weinte über sie und sprach: Wenn doch auch du erkenntest zu dieser Zeit, was zum Frieden dient! Aber nun ist's vor deinen Augen verborgen."
* Johannes 12:27. „Jetzt ist meine Seele betrübt. Und was soll ich sagen? Vater, hilf mir aus dieser Stunde? Doch darum bin ich in diese Stunde gekommen."
* Johannes 13:21. „Als Jesus das gesagt hatte, wurde er betrübt im Geist und bezeugte und sprach: Wahrlich, wahrlich, ich sage euch: Einer unter euch wird mich verraten."
* Markus 14:33. „Und er nahm mit sich Petrus und Jakobus und Johannes und fing an zu zittern und zu zagen."

✻ Matthäus 26:37-38,40. „Und er nahm mit sich Petrus und die zwei Söhne des Zebedäus und fing an zu trauern und zu zagen. Da sprach Jesus zu ihnen: Meine Seele ist betrübt bis an den Tod; bleibt hier und wacht mit mir! ... Und er kam zu seinen Jüngern und fand sie schlafend und sprach zu Petrus: Könnt ihr denn nicht eine Stunde mit mir wachen?"

Der Verfasser des Hebräerbriefs hatte offensichtlich diese bewegenden Ereignisse vor Augen, als er schrieb: „Und er hat in den Tagen seines irdischen Lebens Bitten und Flehen mit lautem Schreien und mit Tränen dem dargebracht, der ihn vom Tod erretten konnte; und er ist auch erhört worden, weil er Gott in Ehren hielt. So hat er, obwohl er Gottes Sohn war, doch an dem, was er litt, Gehorsam gelernt" (Hebr 5:7-8). An späterer Stelle, während der Schreiber seine Gedanken weiter entfaltet, geht sein Blick noch ein zweites Mal zu jenen Ereignissen zurück. Deshalb ermutigt er uns: „Laßt uns aufsehen zu Jesus, dem Anfänger und Vollender des Glaubens, der, obwohl er hätte Freude haben können, das Kreuz erduldete und die Schande gering achtete und sich gesetzt hat zur Rechten des Thrones Gottes. Gedenkt an den, der soviel Widerspruch gegen sich von den Sündern erduldet hat, damit ihr nicht matt werdet und den Mut nicht sinken laßt" (Hebr 12:2-3).

Ja, Jesus kannte quälenden Schmerz sowohl körperlicher als auch seelischer Art. Und doch haben wir Sein größtes Leiden noch nicht einmal erwähnt. Es geht um das eine, herausragende Ereignis, das mehr Schmerz auslöste als irgend etwas anderes auf der Welt – die lähmende, grauenhafte, unvergleichliche Qual, die Er völlig allein durchlitt.

Der schrecklichste Schrei der Menschheitsgeschichte

Der gefeierte norwegische Maler und Grafiker Edvard Munch schuf ein Meisterstück expressionistischer Kunst; es handelt sich um sein berühmtestes Werk, das Ölgemälde mit dem Titel „Der Schrei". Vielleicht haben Sie dieses ausdrucksvolle Bild schon einmal gesehen: Ein verzerrter Männerkopf, vor Angst gelähmt; der Hintergrund gibt echoartig mit verschiedenen Linien den kreisförmigen Umriß des Schreis wieder, der dem Mund des Mannes entflieht. Man sagt, Munch sei Neurotiker gewesen; aber wie dem auch sei, er war jedenfalls ein Meister in der Darstellung seelischer Spannungen, unter denen der Mensch in der heutigen Zeit leidet.[20] Auf dem Bild „Der Schrei" wird seelischer Schmerz in einer Weise dargestellt, die man nicht so schnell wieder vergessen kann.

So eindrucksvoll „Der Schrei" auch sein mag, er kommt in seiner Darstellung nicht im entferntesten an jenen Schrei heran, der grauenvoller war als alles, was es gab oder geben wird. Dieser Schrei war so furchtbar, so durchdringend, so voller Angst, daß selbst taube Ohren das Echo dieses Schreis noch Tausende von Jahren später, nachdem er den Himmel über Israel durchdrang, hören können. Der Schrei ist für uns in den Evangelien festgehalten. Er kam von den Lippen unseres Herrn, als Er sterbend am Kreuz hing.

„Und von der sechsten Stunde an kam eine Finsternis über das ganze Land bis zur neunten Stunde. Und um die neunte Stunde schrie Jesus laut: *Eli, Eli, lama asabtani?* das heißt: Mein Gott, mein Gott, warum hast du mich verlassen?“ (Mt 27:46).

Das ist ohne Zweifel der stärkste Schmerzensschrei der ganzen Bibel. Jesus mußte grauenvolle körperliche Schmerzen ertragen, und doch waren nicht die körperlichen Schmerzen der Auslöser dieses verzweifelten Schreis. Nein, der Grund der angstvollen Worte Jesu war noch viel finsterer, viel schrecklicher und unendlich viel qualvoller.

Einen geheimnisvollen Moment lang *wurde* das sündlose Lamm Gottes, der zweite Adam, der nie auch nur einen Hauch von Sünde gekannt hatte, *zur Sünde* für uns. In diesem Moment wandte sich der Vater Jesu, der Heilige Israels, ab. Er, der Gerechte, kehrte dem Sohn den Rücken und hüllte sich in Schweigen. Stellen Sie sich das so gut Sie können vor. Die Gemeinschaft zwischen Vater und Sohn war bis dahin nie durch irgend etwas getrübt worden – doch nun, als der Sohn am Kreuz hing, in jenem unaussprechlich furchtbaren Moment, wandte sich der Vater vom Sohn ab, weil die ganze Bosheit, die ganze finstere Verdorbenheit der Menschen und ihre Sünde in die reine, makellose Seele Jesu drang.

In diesem Augenblick stieß der Heiland den Schrei aus.

Jesaja wurde dieses Geschehen schon mehrere hundert Jahre vorher offenbart. Mit sprachlosem Entsetzen sah er die schreckliche Szene vor Augen und beschrieb Jesus folgendermaßen: „Er war der Allerverachtetste und Unwerteste, voller Schmerzen und Krankheit ... Fürwahr, er trug unsere Krankheit und lud auf sich unsere Schmerzen. Wir aber hielten ihn für den, der von Gott geschlagen und gemartert wäre" (Jes 53:3-4).

Es war der Wille Jesu, sich in dieser Weise mit unserem Leid zu identifizieren. Er wurde ein Mensch, Er litt, und deshalb kann Er mit Recht sagen, daß Er uns versteht. Aus demselben Grund schreibt auch der Verfasser des Hebräerbriefs:

„Denn weil sie alle von einem kommen, beide, der heiligt und die geheiligt werden, darum schämt er sich auch nicht, sie Brüder zu nennen ... Daher mußte er in allem seinen Brüdern gleich werden, damit er barmherzig würde und ein treuer Hoherpriester vor Gott, zu sühnen die Sünden des Volkes. Denn worin er selber gelitten hat und versucht worden ist, kann er helfen denen, die versucht werden" (Hebr 2:11, 17-18).

Gott hat zwischen uns und sich eine große Brücke errichtet.

Durch die Identifikation von Jesus mit uns haben wir eine feste Grundlage, darauf zu vertrauen, daß Er unsere Schmerzen heilen kann. Er vergibt uns nicht nur unsere Sünden, sondern macht auch den Stachel unwirksam, der durch die Sünden anderer Menschen in unserem Herzen sitzt. Er befreit uns von Bitterkeit, Groll, dem tief in uns verwurzelten Gefühl, abgelehnt zu werden, und von Minderwertigkeit. Er ersetzt es durch den Heiligen Geist, der in uns wohnt und uns bezeugt, daß wir Gott gehören, daß wir gereinigt sind und heilgemacht, daß uns vergeben ist und daß wir eine neue Beziehung zu Gott haben.

Jesaja Kapitel 53 ist ein besonderer Abschnitt; hier wird der Dienst eines Mannes beschrieben, der der leidende Gottesknecht genannt wird. Heute wissen wir, daß dieser Mann Jesus ist. Auf geheimnisvolle Weise birgt Sein Leiden einen großen Trost für uns – wir wissen, daß wir nicht allein sind. Denselben Gedanken hebt der Apostel Johannes in der Offenbarung hervor; er weist auf das Lamm Gottes hin und erinnert die Heiligen daran, daß auch Christus alles durchleiden mußte, was sie leiden müssen. Aufgrund Seines makellosen Charakters und Seines heiligen Wesens ist Er aller Anbetung würdig; doch wenn wir zugleich wissen, daß Er denselben Schmerzensweg gegangen ist wie wir, fällt es uns viel leichter, Ihm zu vertrauen. Wir wissen, daß Er wahre geistliche Autorität besitzt, eine Autorität, die sich nicht nur auf Sein Wesen gründet, sondern auch auf das, was Er für uns tat, als Er an unserer Stelle litt. Das gibt uns große Zuversicht, unser Vertrauen auf Ihn zu setzen.

Was war der Sinn und Zweck von alledem? In Jesaja 53:11 heißt es: „Weil seine Seele sich abgemüht hat, wird er das Licht schauen und die Fülle haben. Und durch seine Erkenntnis wird er, mein Knecht, der Gerechte, den Vielen Gerechtigkeit schaffen; denn er trägt ihre Sünden."

Der Schmerz Jesu war die Tür zu unserem geistlichen Heil. Doch um dieses Heil zu erwirken, mußte Jesus zunächst zum Opfer werden. Vor der Auferstehung kam die Kreuzigung. Vor dem Siegesruf kam der Schmerzensschrei.

Die griechischen Bildhauer der Antike hatten den Brauch, sich die Fingernägel zu ziehen und nicht wieder wachsen zu lassen.[21] Sie wußten, daß die Haut unter den Nägeln besonders berührungsempfindlich war. Wenn sie nun an einer Skulptur arbeiteten, strichen sie mit dieser empfindlichen Haut über ihr Werk, um auf diese Weise jede Unebenheit festzustellen und die Garantie zu haben, daß der Marmor eine ganz glatte Oberfläche besaß.

In ganz ähnlicher Weise hat sich Gott in unseren Schmerz hineinbegeben. Er ließ sich selbst verwunden, um die Sünden der Welt auf sich zu nehmen; und dadurch berührt Er auch heute noch die Herzen aller, die durch den Glauben zu Ihm kommen.

Ein Gott, der von Schmerzen erlöst

Zum Ende dieses Kapitels soll noch einmal die Wahrheit beleuchtet werden, daß Gott nicht nur Mitgefühl für unsere Schmerzen hat, sondern daß Er uns von unserem Schmerz *erlöst.*

Das bedeutet nicht, daß Er uns vor Schwierigkeiten bewahrt, aber Er gibt uns in der Not Gnade, die Situation zu ertragen, und Kraft, die Not zu überwinden. Wenn wir mit Zuversicht und Vertrauen zu Ihm kommen, *wirkt Er derart in uns, daß Sein Wirken sogar den Schmerz aufwiegt.* Er schenkt uns Seinen Lohn auf vielfältige Weise: Er verändert unseren Charakter, befreit uns von sündhaften Gewohnheiten, schenkt uns eine neue Abhängigkeit von Ihm, die zu engerer Gemeinschaft mit Ihm führt; wir verstehen Seinen Charakter und Seine Wege besser und lernen wertvolle Lektionen, die zu einem festen Bestandteil unseres Lebens werden.

Ich muß in diesem Zusammenhang unweigerlich an Corrie ten Boom denken. Vielleicht kennen Sie die Geschichte, wie Corrie, ihre Schwester und ihr Vater während des Zeiten Weltkriegs in Holland Juden in ihrem Haus versteckten. Corrie sagte mir vor einigen Jahren, daß sich all ihr Leiden in der Gefangenschaft gelohnt habe, wenn sie an die Menschen denke, die sie dadurch habe retten können. Doch nicht nur das, es habe sich auch gelohnt, wenn sie an Gottes Wirken in ihrem Herzen denke. Sie konnte zurückblicken und aufrichtig bekennen, daß sich alles Leiden gelohnt habe.

Es war nicht irgendein Leiden; sie war im Konzentrationslager gewesen, man hatte ihr eine Nummer auf den Arm tätowiert. Sie hatte mit ansehen müssen, wie man ihre Schwester schlug und wie sie starb. Sie mußte große Entbehrungen erdulden und wurde von den Nazis in jeder erdenklichen Weise gedemütigt. Doch weil Corrie zuließ, daß der Herr an ihrem Herzen arbeitete, konnte Gott sie zu Seinem Werkzeug zubereiten und sie dazu gebrauchen, den Deutschen Erlösung und Vergebung zu predigen. Nur ein Mensch, der so sehr gelitten hatte, konnte die Tiefe der Vergebung und das Versöhnungsangebot Gottes in einer Weise vermitteln, daß es die Herzen der deutschen Soldaten traf.

Auf diese Art und Weise schenkt Gott Heilung von schrecklichen Erlebnissen und breitet Sein Heil nicht nur in der Person aus, die gelitten hat, sondern benutzt diese Person auch zum Segen für andere.

Corrie besuchte mich und Sally an ihrem achtzigsten Geburtstag. Wir lebten damals auf zwei Hausbooten in Amsterdam. Sie hatte mich angerufen und gefragt, ob sie uns noch einmal besuchen könne, bevor sie zu einer Predigtreise nach Amerika aufbräche. Natürlich freute ich mich sehr über ihre Bitte und fragte sie, ob sie bei uns auch zu unseren jungen Leuten sprechen könne. Wir leiteten ein Gästehaus (oder besser gesagt ein Gästeboot), genannt Arche, in dem wir ungefähr fünfzig junge Leute aufgenommen hatten, langhaarige Hippies von der Straße. Es waren ehemalige Drogenabhängige, Prostituierte und Jugendliche, die von zu Hause ausgebrochen und davongelaufen waren. Corrie kam, erzählte ihre Lebensgeschichte und bat uns dann, ob wir für sie beten, ihr die Hände auflegen und sie als Missionarin nach Amerika aussenden könnten.

Ich weiß noch, wie ich über die achtzigjährige Tante Corrie staunte, die im Konzentrationslager gewesen war und nun in Amerika bei Billy Grahams Fernsehsendung sprechen sollte. Sie wandte sich nicht an Mitglieder des holländischen Parlaments oder an Geistliche der Niederländisch Reformierten Kirche oder an Theologen (was sie ohne Schwierigkeiten hätte tun können). Sie wäre gefeiert worden, man hätte eine festliche Zeremonie für sie inszeniert und einen Galaabend gegeben. Nein, sie bat einen Haufen von Jugendlichen, von der Welt zerbrochene Menschen, für sie zu beten! Voll Freude gingen wir auf ihre Bitte ein, und als wir sie zum Auto geleiteten, vertraute sie uns augenzwinkernd an: „Gott hat mir versprochen, daß ich noch zehn Jahre leben werde. Ich habe mir zum Geburtstag neue Koffer gekauft." Tante Corrie starb an ihrem neunzigsten Geburtstag, zehn Jahre nach jenem Tag.

Doch die letzten viereinhalb Jahre ihres Lebens waren mir ein großes Rätsel. Corrie wurde bettlägerig. Sie erlitt mehrere Schlaganfälle, ihr Herz war schwach, und sie konnte nicht mehr sprechen. Einmal besuchte ich sie zusammen mit Sally. Auf dem Heimweg war ich sehr bewegt von ihrem Leid. Zwar war die Atmosphäre in ihrem Krankenzimmer froh, unbeschwert und hell, und doch mußte sie körperlich leiden. Ich fragte den Herrn: „Warum ist das so? Wenn Du willst, Herr, dann gib mir doch Einblick in Deine Absichten mit dieser Situation."

Nicht lange nach diesem Gebet hatte ich den Impuls, 2 Korinther 4:17 aufzuschlagen: „Denn unsere Trübsal, die zeitlich und leicht ist, schafft eine ewige und über alle Maßen gewichtige Herrlichkeit." Da ging mir der Gedanke durch den Kopf: *Wie Gott Tante Corries Leiden im KZ dazu gebrauchte, daß sie zu Menschen auf der ganzen Welt darüber sprechen konnte, wie man seinen Feinden vergeben kann, so bereitet Gott sie vielleicht jetzt auf eine neue Aufgabe im Himmel vor.*

Wenn wir nur im Licht der Ewigkeit leben könnten! Wenn wir dieses Leben mit seinen Nöten nur als Chance ansehen könnten, daß wir Erlösung erfahren und daß diese Erfahrung zu einem Teil unseres Lebens wird! Es gab verschiedene Situationen in meinem Leben, bei denen ich mich zu dem Gebet gedrängt fühlte: „Herr, tu alles, was Du tun willst; tu alles, was Du tun mußt. Ich bitte Dich, daß Du alles tust, was Du vorhast, damit ich so verändert werde, wie es Deinem Willen entspricht."

Man sollte dieses Gebet nicht leichthin sprechen. Es ist ein gefährliches Gebet. Gott wird das Gebet erhören, wenn wir es ernst mit Ihm meinen. Die Erhörung dieses Gebets könnte Leiden mit sich bringen. Es wird auf alle Fälle Prüfungen und Reinigung von allem in unserem Leben mit sich bringen, das uns davon abhält, ein wirksames Werkzeug der Gnade und Heilungskraft Gottes für andere Menschen zu sein.

Aber trotzdem lohnt sich dieser Prozeß! Gottes Wirken ist darauf ausgerichtet, uns von unserem Schmerz zu erlösen.

Der Königspalast in Teheran ist von atemberaubender Schönheit.[22] In der Eingangshalle finden sich Millionen kleiner glitzernder Glasstückchen. Man hat den Eindruck, als wären das Kuppeldach, die Seitengänge und die Säulen überall mit Diamanten besetzt. Es sind jedoch keine Diamanten, sondern lauter kleine Spiegelteile. Die Kanten der Millionen von kleinen Spiegeln brechen das Licht wie ein Prisma und leuchten in allen Regenbogenfarben. Der Anblick wird als einzigartig bezeichnet.

Doch das war nicht so geplant.

Die Architekten hatten ursprünglich den Gedanken, die Wände der Eingangshalle mit großen Spiegeln auszustatten. Doch die dafür vorgesehenen Spiegel waren auf dem Transport zerbrochen. Als die Kisten eintrafen, befanden sich Tausende kleiner Spiegelstückchen darin. Die Bauleute wollten sie zum Schutt werfen, doch einer der Anwesenden hatte eine geniale Idee: „Vielleicht ist die Wirkung der zerbrochenen Stückchen noch viel größer." Er nahm ein paar größere Spiegelstücke, zerschmetterte sie ebenfalls, fügte sie dann zu einem abstrakten Mosaik neu zusammen und befestigte sie an der Wand. Heute erstrahlt der Palast in unbeschreiblicher Schönheit, übersät mit dem Funkeln der Regenbogenfarben.

In gleicher Weise nimmt Gott die zerbrochenen Spiegel unseres Lebens und fügt sie in Seiner unnachahmlichen schöpferischen Weise neu zusammen, so daß ein Mosaik von unbeschreiblicher Schönheit entsteht. Er weiß, wie Er uns von unserem Schmerz erlösen kann. Unsere Aufgabe besteht darin, Ihn nicht an Seiner Arbeit zu hindern.

Wie sollten wir auf Gottes Schmerz reagieren?

Es ist leicht, Fragen über den Schmerz Gottes zu stellen, doch wenn wir als Seine Kinder leben wollen, müssen wir überprüfen, wie *unsere Reaktion* auf das Böse und auf das Leid aussieht. Ist unsere Reaktion auf das Böse in der Welt und in unserem eigenen Leben identisch mit der Reaktion Gottes? Teilen wir Gottes Schmerz über die Sünde und die Zerstörung, die die Sünde für jeden mit sich bringt, der mit ihr in Berührung kommt?

Wir werden niemals vollkommene Heilung erleben, niemals ganz mit Gottes Liebe erfüllt sein, wenn wir nicht Anteil haben an Gottes Traurigkeit über die Sünde und die Selbstsucht. Die Bibel lehrt, daß es einen Unterschied gibt zwischen der Traurigkeit nach dem Willen Gottes und der Traurigkeit der Welt. Paulus schreibt an die Christen in Korinth: „So freue ich mich doch jetzt nicht darüber, daß ihr betrübt worden seid, sondern darüber, daß ihr betrübt worden seid zur Reue. Denn ihr seid betrübt worden nach Gottes Willen, so daß ihr von uns keinen Schaden erlitten habt. Denn die Traurigkeit nach Gottes Willen wirkt zur Seligkeit eine Reue, die niemanden reut; die Traurigkeit der Welt aber wirkt den Tod" (2 Kor 7:9- 10).

Unsere Sünde hat Gott das Herz gebrochen. Er war jedoch nicht nur traurig über die Sünde, sondern hat etwas unternommen. Er gab Seinen eigenen Sohn als Opfer für die Sünden der Welt. Weil wir Gottes Gebote übertreten haben, verdienen wir Strafe, doch Gott hat Jesus gesandt, um an unserer Stelle zu sterben.

Wie sollte unsere Reaktion aussehen? Wir müssen beschließen, daß uns der Schmerz Gottes über die Selbstsucht der Menschen wichtiger ist als der Schmerz, den wir selbst fühlen. Wenn wir beschließen, Gott den ersten Platz zu geben, werden wir frei von Manipulation, Selbstmitleid oder Angst, die uns plagt. Gott, der Vater, sehnt sich danach, uns als Seine Kinder zu lieben und unsere Wunden zu heilen. Doch das kann nur geschehen, wenn wir Ihm die Herrschaft über unser Leben völlig übergeben.

Das Ende des Schmerzes

Gott weiß, wenn wir Schmerz leiden. In all unseren Bedrängnissen leidet Er mit. Vielleicht ist das der Grund dafür, warum Er uns ganz besonders deutlich sagt, daß eine Zeit kommen wird, in der es keinen Schmerz mehr gibt, in der es kein Seufzen, Jammern und Weinen gibt. Er liebt Schmerz genausowenig wie wir.

Im letzten Buch der Bibel – einmal gegen Ende des Anfangs, einmal zum Schluß – hebt der Herr ausdrücklich hervor, daß Er alle Tränen von unseren Augen abwischen wird (Offb 7:17, 21:4).

Das Buch endet mit diesem Ausblick. Es ist das Ziel, zu dem Gott führt. Das war der Sinn des Kreuzes. Es ist der Hauptinhalt Seines Plans für uns. Über diese Verheißung kann ich von morgens bis abends nachsinnen.

„Gott wird abwischen alle Tränen von ihren Augen, und der Tod wird nicht mehr sein, noch Leid noch Geschrei noch Schmerz wird mehr sein ...“ (Offb 21:4).

6

Vom Kopf ins Herz

Am 11. April 1970 wurde ein riesiger Koloß, der mehr als 100 Meter lang und etwa 3 000 Tonnen schwer war, plötzlich zornig. Unter seinen gewaltigen Füßen quoll Feuer hervor; er torkelte aus seiner Höhle und stürzte kopfüber los zu einem fernen geheimnisvollen Königreich.

Die Apollo 13 befand sich auf dem Weg zum Mond.[23]

Doch dieser Raumflug sollte sich von allen anderen unterscheiden. Zwei Tage nach dem Start, als die Rakete bereits 205 000 Meilen von der Erde entfernt war, erreichte das Kontrollzentrum die Nachricht, daß sich das Leben der drei Astronauten in Gefahr befand. Durch eine Explosion in der Antriebsrakete war die Hauptenergiezufuhr unterbrochen und die einzige Sauerstoffversorgung für die Mannschaft abgeschnitten worden. Es gab nur eine Überlebenschance: Die Männer mußten die Mondfähre als „Rettungsboot" benutzen. Die Astronauten zwängten sich in die enge, kalte Mondfähre, setzten ihre Reise zum Mond fort, der noch 250 000 Meilen entfernt war, benutzten die Anziehungskraft des Mondes, um die Richtungsänderung zu schaffen und nach Hause zu rasen, und krochen dann, kurz vor dem Eintritt in die Erdatmosphäre, zurück in das Hauptschiff. Sechs Tage nach dem grauenvollsten Flug der ganzen Geschichte des US-Raumfahrtprogramms tauchte die Apollo 13 sicher in den Pazifischen Ozean ein.

Bei den Untersuchungen wurde erklärt, man wüßte, wo der Fehler gelegen hätte. Welche unglaubliche Kraft hatte diesen einzigartigen Koloß, der länger als ein Fußballfeld war und fast drei Millionen Kilogramm wog, beinah tragisch zu Fall gebracht? Antwort: Ein normaler Sauerstofftank, unglaublich klein im Verhältnis zu der riesenhaften Saturn-V-Rakete, die Apollo 13 in den Weltraum geschossen hatte.

Weil ein Nagel fehlte

Es gibt ein altes Sprichwort: „Weil ein Nagel fehlte, ging das Hufeisen verloren, weil ein Hufeisen fehlte, ging das Pferd verloren, und weil ein Pferd fehlte, ging der Reiter verloren." Weil 1970 ein Sauerstoffgerät fehlte, ging eine Raumfähre – mit drei kostbaren Menschen an Bord – beinah verloren.

Das sind erstaunliche Zusammenhänge. Das „Fehlen" des kleinsten Teils kann über Erfolg oder Mißerfolg bestimmen, über Freude oder Trauer und selbst über Leben oder Tod. Klein heißt nicht unbedingt unbedeutend. Die Stärke einer Kette hängt manchmal vom schwächsten Glied ab.

So ist es auch mit diesem Kapitel des Buches. Es ist eines der kürzesten, doch dadurch keineswegs unwichtig! In gewisser Hinsicht ist es das wichtigste Kapitel überhaupt. Wenn wir, Sie und ich, an dieser Stelle nicht dieselbe Richtung einschlagen, könnte alles andere verloren sein; wie bei dem Sprichwort: „Weil ein Nagel fehlte ...“ könnte der Leser verlorengehen.

Ich möchte nicht, daß das geschieht; ich möchte Sie nicht verlieren. Ich möchte, daß Sie ein gutes Pferd haben und festen Boden unter den Füßen, damit Sie unbedenklich losreiten können, und daß alle vier Hufe des Pferdes durch solide befestigte Hufeisen mit Profil geschützt sind. Dafür sind gute Nägel nötig.

Deshalb ist nun der Zeitpunkt gekommen, den ersten Nagel einzuschlagen.

Nagel Nr. 1

Becky Pippert, Autorin des Buches *Out of the Saltshaker and into the World*, war vor vielen Jahren Sprecherin bei einer Konferenz in Portland, Oregon. Sie begann ihren Vortrag folgendermaßen: „Es gibt eine Frage, die mir überall von Christen gestellt wird: ‚Warum bin ich in meinem Leben als Christ noch nicht weitergekommen?‘“ In dieser Frage schwingt fast eine Art stiller Verzweiflung mit. Wir kennen die biblischen Verheißungen, und wir wissen, daß sie wahr sind; trotzdem sind wir auf unserem Weg nicht so weit, wie wir es unserer Erkenntnis nach eigentlich sein müßten. Wir hätten nie gedacht, daß der Weg so schwierig ist. Wessen Schuld ist das nun? Ist es unsere Schuld? Sprechen meine Probleme nicht meinem Glauben Hohn?

Ich denke, es gibt keinen Christen, der im christlichen Fernsehen die schrecklichen Offenbarungen über gefallene Leiter mitbekommt und nicht im stillen betet: „O Gott, bitte schenk' mir die Gnade, daß mein Leben nicht dem widerspricht, was ich glaube! Hilf, daß bei mir das Innere mit dem Äußeren in Einklang steht!"

Das ist die eigentliche Herausforderung für jeden von uns: daß das Innere mit dem Äußeren in Einklang steht; daß das, was wir bekennen, auch in unserem Tun sichtbar wird. Wie können wir dahin gelangen, daß das, was wir in unserem Kopf glauben, unser Herz erfüllt und dadurch eine radikale Änderung unserer Lebensweise bewirkt?

Ich fragte einmal einen Freund: „Warum wachsen viele Christen nicht, auch wenn sie das Richtige glauben und den Wunsch haben, zu wachsen?" Mein Freund schaute mich an, wartete einen Augenblick und sagte dann nachdenklich: „Floyd, es liegt daran, daß ihnen eine Offenbarung darüber fehlt, wer sie ‚in Christus' sind."

Dann schlug mein Freund Epheser Kapitel 1 auf. Er wies auf die Worte des Apostels hin: „Darum ... höre ich nicht auf ... und gedenke eurer in meinem Gebet, daß der Gott unseres Herrn Jesus Christus, der Vater der Herrlichkeit, *euch gebe den Geist der Weisheit und der Offenbarung ... Und er gebe euch erleuchtete Augen des Herzens*" (V 17-18).

Der Apostel bat seinen himmlichen Vater um *Offenbarung* für die Epheser. Offenbarung welcher Art? Eine Offenbarung, die ihnen das Wissen vermitteln sollte, wer sie wirklich waren. Er bat Gott, ihnen erleuchtete Augen zu schenken, um *zu wissen, zu erkennen und unterscheiden zu können.*

Mein Freund blickte mich an und erklärte mit Bedauern in der Stimme, daß das, was der Apostel im Epheserbrief erbat, in der Erfahrung allzu vieler Christen fehlt. Paulus hielt es für unerläßlich, Gott darum zu bitten, seinen Brüdern und Schwestern in Christus die gewaltige Wahrheit ihrer neuen Identität zu offenbaren. Wir jedoch halten dieses Gebet, aus welchem Grund auch immer, für nicht nötig. Mein Freund wies auch darauf hin, daß Paulus hier für Menschen betete, die bereits zu Christus gekommen waren. Paulus betete für Gläubige, nicht für Ungläubige. Sein Gebet sollte dazu dienen, daß die Gläubigen geistliche Offenbarung darüber erhielten, wer sie in Christus geworden waren und was sie in Christus erhalten hatten.

Nun noch einmal die Frage: Warum wachsen Christen nicht, selbst wenn sie sich danach sehnen? Es liegt daran, daß sie nie eine Offenbarung des Heiligen Geistes hatten; ihnen fehlt die Erleuchtung des Herzens, daß sie wirklich Gottes Eigentum sind. Es handelt sich hier nicht um eine „Offenbarung" wie bei den Propheten und Aposteln, die die Bibel niederschrieben; bei der Offenbarung, die wir benötigen, geht es darum, daß Gott unserem Herzen die biblischen Wahrheiten übermittelt. Der Heilige Geist muß jedem persönlich bekräftigen, daß er zu einem neuen Menschen mit einer neuen Identität geworden ist.

Das ist entscheidend, denn wir verhalten uns entsprechend dem Bild, das wir von uns selbst haben. Sehen Sie sich selbst als siegreichen Christen? Als ein Christ, der alles hat, was nötig ist, um jede Sehnsucht seines Herzens zu stillen? *Sie leben entsprechend dem Bild, das Sie von sich selbst haben.*

Ein Christ empfängt nicht nur etwas – sei es Vergebung, den Heiligen Geist, einen neuen Anfang oder andere Gaben, für die wir dankbar sind. *Ein Christ ist ein neuer Mensch* – jemand, der er vorher nicht war. Es handelt sich nicht nur um eine neue Stellung, die wir innehaben; Gott sieht uns durch das Blut Christi nicht nur anders. Nein, wir sind tatsächlich andere Menschen geworden! Das ist wahr, unabhängig davon, ob wir es fühlen oder nicht, ob wir es glauben oder nicht, ob wir uns so verhalten oder nicht. Wir sind Gottes Kinder geworden!

Wenn Sie Jesus Christus als Herrn und Heiland angenommen haben, sind Sie ein anderer Mensch. Sie tragen vielleicht weiterhin dieselbe Kleidung, wiegen genausoviel wie vorher und essen immer noch dasselbe – aber Sie sind nicht mehr derselbe Mensch. In Ihrem Innern sind Sie verändert worden. Sie gehören jetzt zur Familie des Vaters. Sie sind angenommen worden. Manchmal dauert es eine Weile, bis man glauben kann, daß es stimmt, aber es ist die Wahrheit!

Nagel Nr. 2

Im Lauf der Jahre waren viele Christen bei mir in der Seelsorge, die zwar die Wahrheit mit dem Verstand erkannten, aber sie nicht mit dem Herzen erfassen konnten. Sie konnten die Verbindung zwischen Kopf und Herz nicht herstellen. Ihnen fehlte die persönliche Offenbarung, daß sie in Wahrheit neue Menschen sind.

Sie wußten, was die Rechtfertigung durch den Glauben ist. Sie konnten erklären, daß Gottes Annahme nicht auf ihrer Leistung beruhte, sondern auf dem stellvertretenden Tod Jesu am Kreuz. Sie zweifelten nicht daran, daß Jesus ihr Sühneopfer war, daß Gott alles vollbracht hat, so daß sie Vergebung haben können, und daß der Glaube der Schlüssel zu allem ist – aber irgendwie haben sie es nie wirklich mit dem Herzen ergriffen und gefühlsmäßig umgesetzt.

Ich denke, diesen Christen fehlt es nicht nur an einer Offenbarung darüber, wer sie in Christus sind, sondern sie haben ebenso versäumt, dem Beispiel des Apostels Paulus zu folgen, wie wir es in Philipper 3:12 finden: „Ich jage ihm aber nach, ob ich's wohl ergreifen könnte, weil ich von Jesus Christus ergriffen bin." Haben Sie verstanden, was Paulus hier sagt? Er erklärt, daß er von Jesus Christus „ergriffen" wurde. Der Heiland hatte sich in Liebe nach ihm ausgestreckt, ihn dem Bösen entrissen und ihn eines Tages um die Mittagszeit auf einer staubigen Straße vor den Toren von Damaskus in das Reich des Lichts hineingeführt. Wie herrlich! Trotzdem erklärt Paulus, daß damit noch nicht alles getan war, es blieb eine Aufgabe für ihn übrig – etwas, das Gott nicht für ihn tat. Paulus sollte das „ergreifen", was ihn bereits ergriffen hatte. Was bedeutet das?

Paulus sagt, daß wir von Gott ergriffen wurden, doch es ist noch einmal etwas ganz anderes, auch unsererseits Gott zu ergreifen. Es ist, als würde Gott uns fest umarmen. Doch damit uns diese Umarmung auch emotional zufriedenstellt (nicht, damit sie Realität wird, denn Er hat Seine Arme bereits um uns gelegt!), müssen auch wir, in aller Schwachheit und mit Zittern, unsere Arme um Ihn schlingen. Eine Umarmung ist am schönsten, wenn sie auf Gegenseitigkeit beruht.

Vielleicht hilft ein Beispiel zum besseren Verständnis. John MacArthur erzählt von einem befreundeten Pastor, der in mehreren Gemeinden in Nord- und Südcarolina Versammlungen durchführte.[24] Er wohnte während dieser Zeit bei Freunden und fuhr von dort aus in die verschiedenen Gemeinden.

Eines Abends war er in eine Kirche eingeladen, die mehrere Fahrstunden entfernt lag. Bekannte von dort hatten ihm angeboten, ihn nach dem Gottesdienst zurückzubringen. Der Pastor ließ seine Gastgeber wissen, daß er irgendwann um Mitternacht wieder da sein würde.

Als er beim Haus eintraf, sah er das Eingangslicht brennen und vermutete, daß die Gastgeber ihn erwarteten. Er verabschiedete sich von dem Fahrer mit den Worten: „Fahr sofort los. Du hast einen lang Weg vor dir. Ich bin sicher, sie warten im Haus auf mich. Es ist alles in Ordnung."

Es war Winter und bitterkalt. Als der Pastor den Eingang erreicht hatte, waren Nase und Ohren bereits taub vor Kälte. Er klopfte leise an die Tür, aber niemand rührte sich. Er klopfte lauter, doch keine Reaktion. Schließlich hämmerte er an die Küchentür und an ein Seitenfenster, doch niemand öffnete.

Endlich beschloß er, eine Telefonzelle zu suchen und seine Gastgeber anzurufen. Er kannte sich jedoch in der Gegend nicht aus, und es war dunkel. Also mußte er mehrere Kilometer marschieren. Dabei rutschte er auf feuchtem Gras aus, fiel die Böschung hinunter und landete in knietiefem eiskaltem Wasser. Naß und halb erfroren kroch er zur Straße zurück und ging weiter, bis er schließlich ein Motel sah. Er weckte den Manager, der ihn freundlicherweise telefonieren ließ.

Die Zähne klapperten dem Pastor, als er schließlich den Telefonhörer in der Hand hielt: „Es tut mir leid, daß ich euch noch so spät störe, aber ich habe geklopft, und niemand hat mich gehört. Ich bin in einem Motel, ein paar Kilometer von euch entfernt. Könntet ihr mich abholen?"

„Mein Lieber", erwiderte der Gastgeber, „du hast doch einen Schlüssel in der Tasche. Hast du das vergessen? Ich habe ihn dir doch gegeben, bevor du wegfuhrst." Der Pastor griff in die Tasche, und dort war der Schlüssel. Er hätte tatsächlich die Tür öffnen können!

Wir gleichen häufig diesem Mann. Wir versuchen unsere Verletzungen durch rein menschliche Hilfe zu heilen und erkennen nicht, daß wir doch Christus besitzen, der der Schlüssel zu aller Heilung ist. Wir haben den Schlüssel; wir müssen ihn nur benutzen. Wir sind von Gott ergriffen worden; nun müssen wir umgekehrt auch Gott ergreifen. *Jesus zu ergreifen bedeutet jedoch nicht, etwas zu tun, sondern das Erbe zu empfangen, das uns in Christus gegeben ist.*

Die entscheidende Frage ist jetzt, wie wir dieses wunderbare Geschenk annehmen können. Was bedeutet es, den Schlüssel aus der Tasche zu nehmen und ihn zu benutzen? Wie können wir das ergreifen, was uns ergriffen hat?

Nagel Nr. 3

Gott selbst möchte, daß Seine Kinder in dem Wissen ruhen, daß sie Ihm gehören. Das war Seine Idee. Wenn Sie durch den Glauben Christus Ihr Leben gegeben haben, wenn Sie glauben, daß Er für Ihre Sünden am

Kreuz starb und drei Tage später von Seinem Vater zum Leben erweckt wurde, dann sind Sie ein Kind Gottes. So sagt es die Bibel.

Viele Menschen glauben diese Wahrheit, ihr Problem besteht nur darin, daß sie die Wahrheit einfach nicht *erfassen* können. Es kommt ihnen wie ein wahrheitsgetreues Märchen vor, wenn Sie wissen, was ich meine – eine unwirkliche Geschichte mit einem unwirklichen Happy-End, die aber wirklich geschehen sein soll. Viele Christen glauben den Worten auf den Seiten des Buches; und doch kommt es ihnen so vor, als wäre das alles nur auf dem Papier Wirklichkeit, nicht aber in ihrem Leben.

Deshalb bin ich so froh, daß Gott jene herrliche gute Nachricht nicht nur auf den Seiten der Bibel verkündigt hat (so wunderbar das auch ist). Nach Römer 8:16 schreibt Gott diese herrlichen Worte – in Seiner ganz persönlichen Handschrift – direkt in unseren Geist: „Der Geist selbst gibt Zeugnis unserm Geist, daß wir Gottes Kinder sind."

Römer 8:16 ist ein unumstößliches Versprechen Gottes an uns. Uns wird zugesichert, daß unser Kopfwissen über die Errettung tief in unser Herz eindringen wird, bis in unser Innerstes. Die Zusicherung unserer Errettung, die wir in der Bibel lesen, ist unendlich kostbar. Doch dieser Vers versichert uns, daß sich der Geist selbst dazu verpflichtet hat, uns *persönlich, bewußt, beständig* und *unmittelbar* in unserem Geist davon zu überzeugen, daß wir Ihm gehören und niemand sonst!

Nagel Nr. 4

Im Wort Gottes heißt es: „... daß, wenn uns unser Herz verdammt, Gott größer ist als unser Herz ..." (1 Joh 3:20).

Johannes sagt bewußt, „*wenn* uns unser Herz verdammt", nicht „falls uns unser Herz verdammt". Es gibt hier kein „falls". Johannes weiß, daß Satan angreifen wird, und er weiß, daß er den zentralen Punkt angreifen wird, dort, wo wir am verletzlichsten sind. *Es gibt keinen zentraleren Punkt als unser Vertrauen darauf, daß Gott uns liebt.* Täuschen Sie sich nicht: Der Teufel *wird* versuchen, Sie davon zu überzeugen, daß Sie alles verspielt haben, daß es keine Hoffnung mehr für Sie gibt, daß Sie gestrandet sind und daß Gott Sie unmöglich noch zu Seiner heiligen Familie zählen kann. Diese Angriffe *werden* kommen. Vielleicht stehen Sie mitten darin.

Weil es mit teuflischer Sicherheit geschehen wird, richtet Johannes unsere Aufmerksamkeit auf die Liebe Gottes: „Gott ist größer als unser Herz und erkennt alle Dinge" (V 20). Sie können machen, was Sie wollen, Gott wird davon nicht überrascht sein! Und selbst wenn Sie von dem Gedanken verfolgt werden, daß Sie verloren sind, ruft Gott Ihnen zu, daß Sie gefunden sind – und was Er einmal gefunden hat, geht Ihm nicht mehr verloren! Es ist, als hätte der Apostel diese zentrale Lehre in die Mitte von zwei Bücherstützen gestellt, auf denen geschrieben steht: „Gottes große Liebe".

Wenn Johannes heute ein Seminar bei einer Bibelkonferenz hielte, würde er wahrscheinlich lehren:

1. Sie werden versagen.
2. Der Teufel wird Sie frontal angreifen, selbst wenn Sie nicht versagen.
3. Gottes Liebe ist größer.

Abschließend würde Johannes erklären: „Ich möchte euch eine einfache, aber grundlegende Wahrheit sagen. Nichts, was ihr tut, wird Gott dazu bringen, daß Er aufhört, euch zu lieben. Er liebt euch, weil Er euch liebt. *Gott ist Liebe!*“

Nagel Nr. 5

Auch Paulus wußte, wie absolut notwendig es ist, daß unser Herz mit unserem Kopf übereinstimmt und daß wir im Herzen Gottes Liebe zu uns ergreifen. Deshalb schrieb er in Römer 5:17: „... wieviel mehr werden die, welche die Fülle der Gnade und der Gabe der Gerechtigkeit empfangen, herrschen im Leben durch den Einen, Jesus Christus.“

Wenn Sie diese wunderbare Wahrheit mit dem Herzen und nicht nur mit dem Verstand erfassen wollen, müssen Sie nach den Worten von Paulus diese Wahrheit durch den Glauben von Gott empfangen. *Wenn wir den einfachen Schritt machen und Gottes Liebe im Glauben empfangen, wachsen wir im Glauben.* Es ist ein Gehorsamsschritt, der zu größerem Glauben führt. Ich empfange Gottes Liebe manchmal, indem ich ein einfaches, kindliches Gebet spreche:

„Herr, ich fühle mich im Moment unsicher. Ich brauche Deine Liebe. Du hast sie mir versprochen, darum empfange ich sie jetzt im Glauben. Ich fühle mich nicht geliebt, Herr Jesus, aber ich beschließe, Deinem Wort zu glauben. Ich empfange Dich selbst so, wie Du bist. Du bist alles, was ich brauche. Du bist meine Zuversicht, Herr Jesus. Du bist meine Sicherheit. Du gibst mir Selbstwertgefühl. Du bist in mir, und ich bin in Dir. Danke, Herr, daß Du mich zu einem neuen Menschen gemacht hast. Ich gehöre Dir, und im Glauben vertraue ich Dir, daß ich Deine Liebe von jetzt an in noch größerem Maß und ganz neu erleben werde."

Die Hufeisen befestigen

Die obigen Ausführungen machen deutlich, daß sich die Verheißung von Römer 8:16 nicht immer in einem Augenblick erfüllt. Manchmal beschließt Gott in Seiner Allmacht, ein besonderes Werk im Herzen eines Menschen zu tun und ihn in einer Sekunde und für alle Zeiten von dieser herrlichen Wahrheit zu überzeugen. Doch bei den meisten von uns geschieht es anders. Ein Bemühen in der Kraft des Geistes ist nötig – nicht ein Werk des Fleisches. Es geht um „den Gehorsam des Glaubens", wie die Bibel es nennt; dadurch werden wir befähigt, zu „ergreifen … weil wir von Jesus Christus ergriffen" sind.

Vielleicht hilft der folgende Vergleich: Als wir in Amsterdam lebten, lernten unsere Kinder Misha und Matthew akzentfrei Holländisch zu sprechen. Sie wollten nicht als Amerikaner erkannt werden. Aber das Erlernen der Sprache „geschah nicht einfach so“. Es war ein Prozeß. Verschiedenes war nötig:

1. *Zeit.* Man lernt eine Sprache nicht über Nacht. Es dauert Wochen, Monate, manchmal sogar Jahre.
2. *Unterweisung und Korrektur.* Was wäre geschehen, wenn Misha und Matthew die falschen Lektionen gelernt hätten? Was wäre gewesen, wenn sie jahrelang Spanisch studiert hätten, um Niederländisch zu lernen? Es hätte einen seltsamen Eindruck gemacht, wenn sie in einem Laden in Amsterdam gefragt hätten: „Habla usted, Espanol?“ Wenn man seine Zeit dafür einsetzt, die falschen Lektionen zu lernen, ist man am Ende nur enttäuscht. Matthew und Misha lernten Holländisch, weil sie mit niederländischen Kindern zusammen waren, die Sprache hörten und zu sprechen begannen. Zusätzlich hatten sie einen niederländischen Lehrer, der ihre Fehler korrigierte und ihnen die Grammatik beibrachte.
3. *Übung.* Die einzige Art und Weise, eine Sprache ganz und gar zu lernen, besteht darin, sie zu sprechen. Ohne Übung geht es nicht. Wenn man einen Fehler macht, probiert man es eben noch einmal. Man arbeitet ununterbrochen daran.
4. *Einheimischen zuhören.* Man kann viel aus Büchern lernen, aber am besten ist es, die Menschen in ihrer Muttersprache reden zu hören. Man schaut ihnen zu, hört ihnen zu, beobachtet sie und spricht ihnen dann nach.
5. *Demut, in der Gegenwart anderer Fehler zu machen.* Wir müssen es wagen, die schwierigen Laute, die wir erlernen, vor anderen auszusprechen, das heißt, den

Mund aufzumachen, selbst wenn die anderen bei unseren ersten Sprechversuchen in der fremden Sprache in Lachen ausbrechen. Um eine Sprache sprechen zu lernen, ist Demut erforderlich.

Wenn wir diese fünf Aspekte über eine längere Zeit befolgen, kommt der Tag, an dem wir Worte, Begriffe, Sätze, ja ganze Gedankengänge flüssig in einer Sprache aussprechen können, die uns früher „fremd“ war. Doch nun ist sie nicht mehr fremd; sie ist zu einem Teil unserer selbst geworden.

Misha stellte fest, daß die niederländische Sprache durch das Erlernen noch nicht automatisch zu einem Teil ihrer selbst wurde. Es waren zwei sehr verschiedene Schritte. Ich kann mich noch gut an die Zeit erinnern, als ihr bewußt wurde, daß die Sprache zu einem Teil ihrer Person geworden war. Es geschah in der Nacht, als sie zum ersten Mal in Holländisch träumte.

Um wirklich Holländisch zu lernen, mußte Misha in gewissem Sinne „neu geboren“ werden. Sie widmete sich mit großem Eifer dem Erlernen der Sprache. Der Wunsch, die Sprache zu beherrschen, war so groß, daß sie bereit war, einen Preis dafür zu zahlen. Der Preis in diesem Fall bestand darin, sich völlig der niederländischen Kultur anzupassen. Es war eine regelrechte Leidenschaft, ein unerschütterlicher Wunsch, der sich in großem Fleiß ausdrückte. Und schließlich wurde sie dadurch belohnt, daß sie fließend Holländisch sprechen konnte!

Je kostbarer eine Gabe ist, desto mehr muß man in der Regel dafür bezahlen. Manchmal sind wir so töricht zu denken, daß die Gaben Gottes auf einem Silbertablett liegen, nett eingepackt sind, mit einer dicken Schleife oben drauf, und daß wir sie nur auspacken müssen: Charakterliche Reife! Liebe! Geduld! Doch so einfach ist es meistens nicht.

Wenn wir etwas im Glauben empfangen wollen, müssen wir selbst aktiv werden und gleichzeitig Demut haben. *Glaube bedeutet nicht, passiv dazusitzen und darauf zu warten, daß Gott etwas für uns tut.*

Ich denke, das gilt für fast jeden von uns, der den Wunsch hat, daß die Wahrheit über unsere neue Identität vom Kopf ins Herz gelangt. Gott hat uns das Versprechen gegeben, daß das möglich ist, Er hat uns zugesichert, daß das Seinem Wunsch entspricht, und Er hat uns deutlich gezeigt, daß es innerhalb unserer Reichweite liegt. Die entscheidende Frage lautet jetzt: Sind wir bereit, die Wahrheit im Glauben anzunehmen und dann das Empfangene in die Praxis umzusetzen?

Diese Frage unserer Identität ist von grundlegender Bedeutung für unser Leben. Gleichzeitig ist es auch ein Geheimnis. Wir sind so auf Leistung programmiert, wir haben so lange unser Ich versteckt und geschützt, daß wir in ganz neuer Weise das *Sein* lernen müssen. Nicht das Tun, sondern das Sein.

Ich habe festgestellt, daß diese Art des *Seins* in vieler Hinsicht die Befolgung ganz ähnlicher Aspekte benötigt, wie sie Matthew und Misha beim Erlernen von Holländisch erlebten:

1. *Zeit.* Wenn Sie zu den glücklichen Menschen gehören, die nie auch nur einen Moment an Gottes Liebe zweifeln, dann danken Sie Gott dafür. Aber wenn Sie in diesem Bereich zu kämpfen haben,

dann halten Sie sich vor Augen, daß diese kostbare Gewißheit Zeit braucht, um in uns zu wachsen. Sie wächst, wenn wir dafür danken und sie im Glauben annehmen. Je länger Sie Ihn kennen, desto häufiger wird Ihr Herz Ihrem Kopf „Amen!" zurufen.

2. *Die Wahrheit annehmen.* Manche von uns haben damit zu kämpfen, daß Gott sie angenommen hat, weil sie nicht die richtigen Inhalte in sich aufnehmen. Wir hören uns Kassetten an, auf denen wir dazu aufgefordert werden, erst etwas zu leisten, bevor wir Gottes Liebe empfangen können. Wir lesen Bücher, in denen betont wird, der Schlüssel zum geistlichen Wachstum liege darin, uns mehr anzustrengen, mehr Geld zu spenden, mehr zu fasten, mehr zu beten. Was hat das unweigerlich zur Folge? Enttäuschung. Gottes Wort ermutigt uns dazu, an Gottes grenzenlose Liebe zu glauben, an einen Gott, der trotz unserer Sünde durch das Kreuz zu uns gekommen ist. Und Er kommt auch heute noch zu uns und wartet darauf, daß wir Seine Gnade in Fülle empfangen.
3. *Übung.* Wenn wir wirklich wollen, daß unser Herz die Wahrheit ergreift, die unser Kopf glaubt, dann müssen wir einüben, wozu Gott uns auffordert. Das heißt, wir müssen uns immer Gottes Liebe zu uns vor Augen halten und immer nach Möglichkeiten suchen, Seine Liebe an andere weiterzugeben.
4. *Zuhören.* Kennen Sie Menschen, die schon seit Jahren regelrecht in der Liebe Gottes baden? Verbringen Sie Zeit mit solchen Menschen. Beobachten Sie sie. Hören Sie ihnen zu. Ahmen Sie sie nach. Dann werden Sie ihnen in vieler Hinsicht ähnlich werden.

Suchen Sie Gemeinschaft mit diesen Menschen im Hören auf Gott, im gemeinsamen Gebet, im Lesen des Wortes Gottes. Dann wird Ihr Herz in Liebe zu unserem himmlischen Vater entbrennen.

5. *Demut.* Sie können eine Sprache nur dann lernen, wenn Sie bereit sind, sich ein wenig zum Narren zu machen. Es ist echte Demut erforderlich, um eine Fremdsprache zu lernen. Das gilt in gleicher Weise für das Wachsen in der Erkenntnis, wer wir in Christus sind. Wir müssen eingestehen, daß wir diese Offenbarung benötigen, und wir müssen offen sein, alte Verhaltensmuster zu korrigieren, die uns davon abhalten, die Wahrheit über unsere neue Identität anzunehmen. Wir müssen bereit sein, uns zu öffnen und transparent zu werden, so beängstigend das auch sein mag. Doch es ist eine Voraussetzung zum Empfang der Offenbarung in unserem Herzen. Gehen Sie vorwärts – wagen Sie diesen Schritt. Nennen Sie die Sünde beim Namen, bitten Sie um Hilfe – das wird sofortiges Wachstum zur Folge haben.

Nun können Sie losreiten!

James Whitcomb Riley beschreibt in einem Gedicht den Tod eines Arbeiters. Als am Tag seiner Beerdigung die anderen Arbeiter beieinanderstanden und sich über ihren verstorbenen Kumpel und Freund unterhielten, erklärte ein Mann mit Tränen in den Augen: „Ich wette, an dem Tag, als Gott ihn gemacht hat, hat Er sich von Herzen über Sein Werk gefreut.“ [25]

Das ist die Wahrheit. So geht es Gott mit jedem von uns, ob wir es fühlen oder nicht. Gott liebt Sie ... mehr als Sie je werden begreifen können. Und es ist Sein Verlangen, daß Ihr Denken und Ihr Herz von einer wachsenden Erkenntnis Seiner Liebe zu Ihnen ergriffen wird, bis Sie schließlich in dieser Liebe ruhen, ganz gleich, welche Not oder Schwierigkeit Ihnen begegnet oder wie sehr Sie verletzt werden.

Von diesem Ausmaß ist die heilende Kraft der Liebe.

„Darum werden wir nicht müde; sondern wenn auch unser äußerer Mensch verfällt, so wird doch der innere von Tag zu Tag erneuert. Denn unsere Trübsal, die zeitlich und leicht ist, schafft eine ewige und über alle Maßen gewichtige Herrlichkeit, uns, die wir nicht sehen auf das Sichtbare, sondern auf das Unsichtbare. Denn was sichtbar ist, das ist zeitlich; was aber unsichtbar ist, das ist ewig" (2 Kor 4:16-18).

Und *unglaublich gut*, möchte ich hinzufügen!

7

Die heilende Kraft der Liebe

Als Becky Pippert vor mehreren Jahren einen Vortrag hielt, kam anschließend eine Frau auf sie zu.[26] *Becky beschreibt sie als „liebenswert, sehr gläubig – aber zutiefst gequält". Die Frau schluchzte und konnte kaum ein Wort herausbringen. Schließlich erzählte sie, daß sie und ihr Mann, mit dem sie damals verlobt war, Jugendleiter in einer konservativen evangelikalen Gemeinde waren. Sie wollten im Juli heiraten, aber vor ihrer Eheschließung schliefen sie miteinander, und die junge Frau wurde schwanger. Der Gedanke an die Folgen innerhalb der Gemeinde war für die Frau unerträglich. Sie wußte, sie würde das nicht überstehen. Gleichzeitig war ihr auch bewußt, daß das eigentliche Problem ihr Stolz war. Die beiden jungen Leute hatten in ihrer Verantwortung für die Jugendlichen der Gemeinde als Vorbilder versagt. Niemand erfuhr je von der Schwangerschaft; sie ließen das Kind abtreiben.*

„Betty", schluchzte die Frau, „ich weiß, daß ich einen unschuldigen Menschen umgebracht habe. Ich bin glücklich verheiratet, arbeite in der Gemeinde mit und habe vier liebe Kinder. Aber tagtäglich steht mir vor Augen, daß ich einen Menschen umgebracht habe. Ich begreife selber nicht, wie ich das tun konnte, einen unschuldigen Menschen ermorden ..."

Während Becky der Frau zuhörte und ihre Qual sah,

kam ihr plötzlich ein Gedanke. Doch sie schob ihn beiseite und schwieg, weil sie nicht glauben konnte, daß er von Gott war. Sie dachte: *Wenn ich ihr das sage, ist sie vollkommen zerstört.* Inzwischen wiederholte die Frau unter Schluchzen immer wieder: „Becky, ich kann es selbst nicht glauben, daß ich einen unschuldigen Menschen getötet habe."

Nachdem Becky ihr noch eine Weile zugehört hatte, ergriff sie schließlich das Wort. In der Hoffnung, daß ihre Worte von Gott stammten, erklärte sie: „Ich weiß nicht, warum Sie so überrascht sind. Denn das ist nicht Ihr erster Mord, sondern Ihr zweiter."

Die Frau verstummte und schaute Becky entsetzt an. Diese erklärte weiter:

„Jeder von uns ist an der Kreuzigung mitschuldig. Ganz gleich, ob wir abgetrieben haben oder nicht, ob wir fromm sind oder nicht. Wenn wir das Kreuz betrachten, wird deutlich, daß jeder von uns mitschuldig war an diesem Mord. Wir waren alle beteiligt und haben den einzigen unschuldigen Menschen, den es je gab, umgebracht. Unsere Sünden nämlich haben Ihn ans Kreuz gebracht. Sie haben bereits Gottes Kind umgebracht; warum sind Sie dann noch überrascht, daß Sie Ihr eigenes Kind töten konnten?"

Die Frau war sprachlos und starrte Becky an; doch in ihren Gedanken formte sich langsam ein neues Bild. Schließlich flüsterte sie: „Es stimmt. Sie haben recht. Die Schuld, daß ich meinen eigenen Sohn getötet habe, kam mir wirklich größer vor als die Schuld, Gottes Sohn getötet zu haben. Sie wollen mir deutlich machen, daß ich noch etwas viel Schlimmeres begangen habe als das, was ich Ihnen bekannte. Bis jetzt konnte ich mir nicht vorstellen, daß es etwas Schlimmeres gibt. Sie meinen also, das Kreuz zeigt mir, daß ich noch schlimmer bin, als ich dachte!"

Die Frau machte eine kurze Pause und meinte dann: „Also, wenn ich noch schlimmer bin, als ich dachte, dann sagen Sie doch, daß das Schlimmste, was ich tat, bereits vergeben wurde, oder nicht? Das Kreuz zeigt mir also, daß die schlimmste Tat der Welt aufgehoben und vergeben ist! Wenn nun diese große Schuld vergeben wurde, wie kann dann die Sünde, die ich bekannt habe, *nicht* vergeben werden?"

Plötzlich breitete sich ein Lächeln auf dem Gesicht der gequälten Frau aus, und unter Freudentränen rief sie: „Ach Becky – jetzt verstehe ich Gottes Gnade!"

Becky erzählt weiter: „An diesem Tag erlebte ich, daß ein Mensch das Geheimnis des Kreuzes erfaßte und bis zum Kern vordrang. Ich sah, wie ein Mensch vor meinen Augen durch das richtige Verständnis von Golgatha buchstäblich verändert wurde. Diese Veränderung geschah in dem Moment, als die Frau ihre Sünde und ihren Schmerz ans Kreuz brachte und erkannte, daß an diesem Kreuz unsere Schuld ungeschmälert deutlich wird, jedoch nur, um uns unmißverständlich zu zeigen, daß uns vergeben worden ist. Diese Frau erkannte intuitiv, daß Gott nach dem psychologischen Gesetz der Annahme handelt: Um wirklich glauben zu können, daß wir angenommen sind, müssen wir wissen, daß wir auch mit unserer schlimmsten Tat angenommen sind. Genau das geschieht am Kreuz. Und weil Gottes Lösung so wundervoll ist, können wir uns der Wirklichkeit unserer Sünde stellen. Das gibt uns eine Zuversicht, die alle Furcht vertreibt. Wir kommen zum Kreuz und erkennen, daß es niemand gibt, der uns jemals so lieben wird wie Jesus."

Glauben Sie das? Daß niemand uns jemals so lieben wird wie Jesus? Das sind gewaltige Worte! Und eine wunderbare Wahrheit! *Wir sind dem Kern der heilenden Kraft der Liebe schon sehr nahe.* Doch bevor wir diesen kostbaren Kern weiter untersuchen, ist es vielleicht hilfreich, einen Moment anzuhalten und darüber nachzudenken, warum wir Gottes heilende Liebe überhaupt benötigen.

Der Hunger nach Heilung rührt sich

In diesem Buch geht es um die heilende Kraft der Liebe. Doch wann ist dieser Hunger nach Heilung überhaupt entstanden? Wodurch wurde er ausgelöst?

Den Anfang der Geschichte finden wir, wenn wir ganz weit zurückgehen, schon bei Adam und Eva. Bevor die Menschheit durch die Sünde verunreinigt wurde, waren Adam und Eva herrliche Wesen, die Krönung der Schöpfung Gottes. Kein anderes Geschöpf außer Adam und Eva war nach Gottes Bild geschaffen worden, sie waren Ihm ähnlich. Nichts im ganzen Universum war mit ihnen vergleichbar. Sie waren von atemberaubender Herrlichkeit.

Psalm 8 läßt uns erahnen, wie wunderbar dieses erste Menschenpaar gewesen sein muß. In den neun Versen dieses Psalms sinnt David über Gottes wundervolle Schöpfung, den Menschen, nach. In Vers 6 benutzt er zur Beschreibung des Mannes und der Frau einen hebräischen Begriff, der so schockierend ist, so sensationell, daß ihn die meisten Bibelübersetzungen bis zum heutigen Tag nicht wörtlich wiedergeben. So heißt es in einer Übersetzung zum Beispiel: „Nur ein wenig kleiner hast du ihn gemacht als die *himmlischen Wesen*, mit Ehre und Würde hast du ihn gekrönt"; eine andere Übersetzung liest: „Denn du hast ihn wenig geringer gemacht als *Engel*". Doch das hebräische Wort bedeutet weder „himmlische Wesen" noch „Engel". Es bezeichnet etwas viel Höheres; es handelt sich nämlich um das Wort *Elohim*, einen der Namen Gottes. Deshalb lautet die wörtliche Übersetzung: „Du hast ihn wenig niedriger gemacht als *Gott* ..."

Ich sagte es ja bereits, es ist ein Skandal!

Doch so sieht die Beurteilung des Menschen in der Bibel aus, „wenig niedriger als Gott". Adam und seiner Frau wurde Vollmacht über die gesamte Erde übertragen, und eine Zeitlang herrschten sie als Mitregenten Gottes auf diesem Planeten.

Doch leider war dieser idyllische Zustand nicht von Dauer. Als Adam seiner Frau in den Ungehorsam folgte, verloren sie einen Großteil ihrer Herrlichkeit und büßten die offene Gemeinschaft mit Gott ein. Ihre Rebellion und Sünde führte zu weiteren Schritten des Ungehorsams, und als Folge davon kam ein bis dahin unbekanntes Gefühl in ihnen auf: lähmende Angst. Sie wußten, daß sie schuldig waren, und sie wurden von dem Gefühl der Scham und Verdammnis regelrecht überwältigt. Als Gott nach dem Mann rief: „Adam, wo bist du?", hockten Adam und Eva, die Krönung der Schöpfung, geduckt hinter den Büschen und versuchten vergeblich, ihre Scham zu verbergen.

Seit jenem düsteren Tag hat sich diese traurige Szene bei jedem von uns wiederholt. Wir alle haben Adams Rebellion und die schreckliche Macht der Scham kennengelernt. Und wie bereits an früherer Stelle dargestellt: Wenn wir mit der daraus folgenden Schuld und Sünde nicht zu Gott gehen, folgen wir Adam in seinem vergeblichen Versuch – wir laufen von Gott fort und versuchen erfolglos, uns vor Ihm zu verbergen.

Doch wenn wir davonlaufen und uns verstecken, können wir niemals widerhergestellt werden. Sünde verletzt uns, ganz gleich, ob es unsere Sünde oder die eines anderen ist. Wenn wir versuchen, uns selbst mit irgendeinem Feigenblatt-Hilfsmittel zu heilen, wenn wir eine Apotheke im Garten eröffnen und versuchen, Kräuter zur Heilung unserer Wunden zuzubereiten, wenn wir uns der französischen Fremdenlegion anschließen und an entfernte Küsten fliehen, werden wir dennoch nie die Heilung finden, nach der wir so verzweifelt suchen.

Die gute Nachricht ist, daß Gott bereits alles getan hat, um uns die vollständige Heilung zu schenken. Das Werk Christi am Kreuz ist der Sieg über Sünde, Schuld und Scham und vollkommene Befreiung davon. Aufgrund dessen, was Jesus für uns auf Golgatha vollbracht hat, müssen wir weder davonlaufen noch uns verstecken.

Becky Pippert erklärte der jungen Frau jedoch auch deutlich, daß wir die Vergebung Christi nur dann annehmen können, wenn wir glauben, daß wir wirklich schuldig sind. Das Paradox des Kreuzes besteht darin, daß wir zugeben müssen, schuldig zu sein – daß *wir* Jesus gekreuzigt haben, daß *wir* das Opfer an Seiner Stelle dort oben hätten sein müssen. Wenn wir das nicht eingestehen, werden wir nie Befreiung von Schuld erleben. Martin Luther sagte: „Wir tragen Seine Nägel in unserer Tasche." Nur wenn wir begreifen, wie schrecklich unsere Sünde ist, wird sich das Kreuz Christi und die von Ihm angebotene Vergebung in ihrer ganzen Fülle in unserem Leben auswirken.

Man könnte sagen, daß Vergebung unmittelbar mit dem Eingeständnis unserer Schuld zusammenhängt. Aus diesem Grund sagte Jesus zu den Pharisäern: „Die Gesunden bedürfen des Arztes nicht, sondern die Kranken. Ich bin gekommen, die Sünder zur Buße zu rufen und nicht die Gerechten" (Lk 5:31-32). Mit anderen Worten: „Meine lieben Herren, wenn ihr nicht glaubt, daß ihr krank seid, kann ich euch nicht helfen, gesund zu werden. Es werden nur die Menschen geheilt, die zugeben, daß sie von einer verhängnisvollen Krankheit geplagt werden."

Wenn wir die heilende Kraft der Liebe Gottes erfahren wollen, müssen wir unsere *Sünde* zugeben – nicht nur unsere Verletzung, sondern unsere Sünde. Unsere Sünde ist schrecklich, unfaßbar, heimtückisch. Jeder von uns muß wie die Frau, die zu Becky kam, zu dem Eingeständnis finden: „Das Kreuz zeigt mir, daß ich Gott nicht nur enttäuscht habe. Das Problem liegt auch nicht nur darin, daß andere an mir, dem Opfer, schuldig geworden sind. Sondern ich selbst bin viel schlimmer, als ich gedacht habe."

Wir sind schlimmer, als wir dachten

In den Briefen des Apostels Paulus finden sich viele Äußerungen über seine persönliche Schuld. Ich denke, daß sich die oben geschilderte Wahrheit dahinter verbirgt:

- „Denn ich bin der geringste unter den Aposteln, der ich nicht wert bin, daß ich ein Apostel heiße, weil ich die Gemeinde Gottes verfolgt habe" (1 Kor 15:9).
- „Denn ihr habt ja gehört von meinem Leben früher im Judentum, wie ich über die Maßen die Gemeinde Gottes verfolgte und sie zu zerstören suchte" (Gal 1:13).
- „... ich aber bin fleischlich, unter die Sünde verkauft. Denn ich weiß nicht, was ich tue. Denn ich tue nicht, was ich will; sondern was ich hasse, das tue ich" (Röm 7:14-15).
- „Ich elender Mensch! Wer wird mich erlösen von diesem todverfallenen Leibe?" (Röm 7:24).

Das stärkste Bekenntnis von Paulus findet sich in 1 Timotheus 1:15. Dort sagt er: „Das ist gewißlich wahr ..., daß Jesus Christus in die Welt gekommen ist, die Sünder selig zu machen, unter denen ich der erste bin." Paulus fiel es nicht schwer, seine Sünde einzugestehen. Selbst am Ende seines Lebens konnte der berühmte Apostel mit Blick auf sein Leben sagen: „Schuldig", ohne dabei nach Komplimenten zu haschen oder in Selbstmitleid zu verfallen.

Doch blieb er nicht dabei stehen (und auch wir dürfen nicht dort stehenbleiben). Paulus war kein Vertreter der „Ich-armer-Sünder-Theologie". Er schwelgte nicht in seiner Sünde und ließ auch nicht zu, daß die Sünde ihn daran hinderte, vorwärts zu gehen. Deshalb fügt er in Vers 16 sofort hinzu: „Aber darum ist mir Barmherzigkeit widerfahren, daß Jesus Christus an mir als erstem alle Geduld erweise, zum Vorbild denen, die an ihn glauben sollten zum ewigen Leben."

Aufgrund der Gnade Gottes war Paulus in der Lage zu sagen: „Ich bin wirklich schlimmer, als ich dachte. Und das gilt auch für dich! Das gilt für uns alle! Ohne Christus haben wir keine Vorstellung, wie schuldig wir wirklich sind. Aber Dank der Gnade Gottes ist das nicht der Endpunkt. Gott hat ein Wunder in meinem Leben vollbracht und mich zu einem neuen Menschen gemacht. Er hat sogar meinen Namen geändert, von Saulus zu Paulus, um die radikale Veränderung deutlich zu machen, die er in mir bewirkt hat. Und dieselbe Änderung kann er auch in deinem Leben vollbringen!"

Er kann es wirklich! Wenn wir nur anfangen könnten, drei grundlegende Wahrheiten des Evangeliums zu begreifen und zu ergreifen, dann wäre unsere seelische Heilung für alle Zeiten gesichert.

Gerechtfertigt in Christus

Was die heilende Kraft der Liebe im Kern ausmacht, finden wir an einem römischen Kreuz und in einem jüdischen Grab. Letztlich wurde unsere seelische Heilung durch den Tod und die Auferstehung Jesu Christi erwirkt. Paulus schreibt:

„Ich rede aber von der Gerechtigkeit vor Gott, die da kommt durch den Glauben an Jesus Christus zu allen, die glauben. Denn es ist hier kein Unterschied: sie sind allesamt Sünder und ermangeln des Ruhmes, den sie bei Gott haben sollten, und werden ohne Verdienst gerecht aus seiner Gnade durch die Erlösung, die durch Jesus Christus geschehen ist" (Röm 3:22-24).

Das Schlüsselwort in diesem Abschnitt (einem Abschnitt, der nur so von Schlüsselworten wimmelt) lautet „gerecht geworden". Wenn Paulus davon spricht, daß wir gerecht geworden sind, meint er, daß Gott uns alle unsere Sünden vergeben und uns von allen Folgen der Sünde begnadigt hat (das ist zweierlei: Er hat uns vergeben, aber Er hat uns auch begnadigt – und freigesetzt), und daß Er uns in Sein liebendes Herz aufgenommen hat. Er hat uns zu Seinem Eigentum gemacht. Wir waren rebellische Sünder, auf dem Weg ins Gefängnis, doch Gott hat uns vergeben und uns als Seine Kinder angenommen. Aufgrund dessen, was Jesus für uns getan hat, haben wir einen völlig neuen Stand im Leben. Das alles schenkt uns Gott kostenlos, wenn wir, in schlichtem Glauben, dieses Geschenk der Liebe durch Seinen Sohn, Jesus Christus, annehmen.

Wenn wir doch nur endlich erkennen würden, welche Reichtümer uns gehören, weil Gott uns durch Seine Gnade gerecht gemacht hat, und diese Reichtümer ergreifen würden! Wenn wir doch nur eine entfernte Ahnung davon hätten, was uns in Christus alles gegeben ist! Wenn unser Herz die kostbaren Verheißungen Gottes doch nur mit Glaubensarmen umschlingen könnte! Dann würden wir endlich die heilende Kraft der Liebe in ihrer Fülle erfahren.

Für Paulus war das eine so wunderbare Wahrheit, daß er nie aufhörte, darüber zu staunen. Sein Leben lang freute er sich darüber; die Befreiung wurde für ihn nie selbstverständlich. Man kann seine Begeisterung förmlich spüren, wenn er an die Römer schreibt: „Gott aber erweist seine Liebe zu uns darin, daß Christus für uns gestorben ist, als wir noch Sünder waren. Um wieviel mehr werden wir nun durch ihn bewahrt werden vor dem Zorn, nachdem wir jetzt durch sein Blut gerecht geworden sind!" (Röm 5:8-9). Die Gewißheit, daß Jesus starb und wieder auferstand, hatte Paulus' gesamtes Leben verändert – und auch bei uns ändert sie alles. Sie verändert die Art und Weise, wie wir uns selbst sehen, wie wir mit anderen Menschen umgehen, wie wir unsere Kinder erziehen, unsere Vorstellung von Ehe, wofür wir unser Geld ausgeben und vieles mehr. Der Tod und die Auferstehung Jesu bilden das Fundament für unser Verständnis darüber, wer wir im Innersten eigentlich sind.

Die Tatsache, daß wir Ihn gekreuzigt haben und daß uns trotzdem vergeben wurde, bedeutet umgekehrt, daß wir nichts Schlimmeres als dieses je tun können. Wenn Gott uns das vergeben hat, dann können wir nichts tun, ganz gleich, wie entmutigt wir durch eigenes Versagen oder Nöte und Kämpfe sind – nichts, absolut nichts, das uns von der Liebe Christi trennen könnte ... nichts!

Doch diese gute Nachricht hat noch einen zweiten Teil! Wir haben Ihn nicht nur gekreuzigt. In der Bibel heißt es auch, daß wir *mit Ihm* gekreuzigt wurden. Paulus schreibt: „Ich bin mit Christus gekreuzigt. Ich lebe, doch nun nicht ich, sondern Christus lebt in mir. Denn was ich jetzt lebe im Fleisch, das lebe ich im Glauben an den Sohn Gottes, der mich geliebt hat und sich selbst für mich dahingegeben" (Gal 2:20). Das ist eine erstaunliche Aussage. Paulus sagt: „Ich habe die beste Nachricht für dich: Du bist tot!"

Manche denken vielleicht, Paulus wäre an jenem Tag depressiv gewesen. „Der arme Mann, er hätte sich eine Kassette über positives Denken anhören sollen", lautet ihr Vorschlag. Aber Paulus war nicht bedrückt. Paulus würde im Gegenteil erwidern: „Wenn du nur wüßtest, was es bedeutet, gestorben zu sein, dann würdest du aufspringen und laut Halleluja singen! Wenn du nur begreifen würdest, was da in dir gestorben ist!"

Was ist denn in uns gestorben? Die Macht der Sünde, über uns zu herrschen. Paulus verkündigt, daß die Macht des Bösen und ihre Herrschaft über uns zerstört wurde. Das heißt, daß wir nicht mehr unter der Herrschaft von neurotischen Zwängen, Ängsten und Sünde leben müssen; wir müssen nicht mehr zulassen, daß Schmerz und Ängste unser Leben regieren.

Christus hat das Problem der Sünde gelöst – nicht nur die einzelnen Vorkommnisse von Sünde in meinem Leben, sondern die Wurzel des Problems. Das Problem wurde von Grund auf angegangen. Paulus erklärt, daß unser rebellischer Geist gebrochen und daß uns vergeben wurde. Deshalb können wir uns auf das neue Leben konzentrieren! Wenn wir durch den Glauben an Christus gerecht geworden sind, dann hat eine neue Zeit angefangen. Und was für eine herrliche Zeit ist das!

Ein vollkommen neuer Mensch

Es ist unbeschreiblich schön zu wissen, daß Gott uns alle unsere Sünden vergeben und uns gerecht gemacht hat; wir sind dem Vater in allem wohlgefällig. Er hat die Herrlichkeit wiederhergestellt, die im Garten Eden verlorenging, als Adam und Eva sündigten. Wenn bei unserer Bekehrung nichts weiter als das geschehen wäre, so reichte es schon aus, um bis in alle Ewigkeit zu jubeln. Aber die Liebe Gottes ist so groß, daß Gott sich damit nicht zufriedengab. Er wollte uns nicht nur von unserer Sünde freisprechen, sondern uns auch zu vollkommen neuen Menschen machen. Das Alte sollte nicht einfach nur mit einem frischen Anstrich versehen werden. Theologisch ausgedrückt sind wir nicht nur gerechtfertigt, sondern auch *erneuert.*

Die Rechtfertigung führte zu einer Änderung in unserer Beziehung zu Gott (vom Feind zum Freund); die Erneuerung bewirkte eine vollkommene Änderung unserer moralischen und geistlichen Natur (von verdorben zu heilig). Wir benötigen die Rechtfertigung, weil wir schuldig waren; wir benötigen die Erneuerung, weil wir schmutzig waren.

Wir sind vollkommen neue Menschen, und Gott sagt, daß wir heilig, rein und makellos sind. Nicht, weil Er beschlossen hat, uns in dieser Weise sehen zu wollen (auch wenn das eigentlich nicht der Wirklichkeit entspricht), sondern weil *Er uns wirklich zu neuen Menschen gemacht hat!* Er verleiht uns Seinen Geist, und indem Er uns die Gabe Seiner selbst gibt, verwandelt Er uns in Seine Kinder. Er reinigt uns; Er wäscht uns wie ein Kind, das schmutzig vom Spielen nach Hause kommt.

Er wäscht alles von uns ab – innerlich und äußerlich. Alle Perversion, aller Schmutz, Haß, Zorn – alles ist abgewaschen.

Nach Paulus (2 Kor 5:17) sind wir „eine neue Schöpfung; das Alte ist vergangen, siehe, Neues ist geworden!“ Nach Johannes (1 Joh 5:1) sind wir „von Gott geboren“.

Oder wie Paulus es beschreibt: „Er machte ... uns selig .... durch das Bad der Wiedergeburt und Erneuerung im Heiligen Geist, den er über uns reichlich ausgegossen hat durch Jesus Christus, unsern Heiland, damit wir, durch dessen Gnade gerecht geworden, Erben des ewigen Lebens würden nach unserer Hoffnung“ (Tit 3:5-7).

Wenn Sie an Jesus glauben, sind Sie eine völlig neue Schöpfung!

David Needham liefert ein ausgezeichnetes Beispiel, das unserer Vorstellung helfen kann, was das bedeutet.[27] Stellen Sie sich vor, Sie wären als Apfelbaum, der nur faule Äpfel hervorbringt, auf diese Welt gekommen. Es entspricht der Wirklichkeit: als Folge wiederholten Ungehorsams gegen Gott waren Sie tatsächlich ein solcher Baum (siehe Epheser 2:3).

Doch dann geschah eines Tages ein folgenschweres Ereignis. Jemand griff nach einem Messer, machte einen langen, diagonalen Einschnitt entlang Ihres Stamms und hackte die ganze obere Hälfte ab. Danach nahm dieselbe Person einen frischen grünen Ast, der entsprechend diagonal von einem anderen Baum abgeschnitten worden war, und fügte ihn in den abgehauenen Stumpf Ihres Stamms. Die Pfropfstelle wurde sorgsam versiegelt und umwickelt, und dann wurde Ihnen ein Schild mit der Aufschrift „Golden Delicious“ umgehängt.

Bald danach begannen die Knospen oberhalb der Schnittstelle zu blühen. Was würden diese Blüten für Früchte hervorbringen? Faule Äpfel? Auf keinen Fall! Wer die Früchte ißt, wird den Geschmack eines köstlichen süßen Golden Delicious im Mund haben. Warum? *Weil Sie das jetzt sind.* Needham schreibt: „Jemand, der nicht weiß, was geschehen ist, würde niemals auf den Gedanken kommen, Sie einen ‚Faulen Apfel' zu nennen. Sie sind auch nicht gleichzeitig ein fauler Apfel plus Golden Delicious. Sondern Sie *sind* ein ‚Golden Delicious'." [28]

Genauso ist es mit uns. Als Gott uns erneuerte, machte Er uns zu neuen Menschen. Wir sind nicht halb Sünder und halb Heilige, sondern ganz Heilige. Unsere neue Identität ist Golden Delicious, nicht mehr Fauler Apfel.

Aber sind wir nicht trotzdem immer noch fähig zu sündigen? Natürlich. Doch wenn wir sündigen, geschieht es *gegen unsere Natur.*

Zurück zu Needhams Vergleich: Wenn der Gärtner nicht darauf achtet, die Schößlinge unterhalb der Pfropfstelle abzuschneiden, dann wird der Stamm faule Äpfel hervorbringen. Die Gärtner nennen diese Schößlinge wilde Triebe. Diese Triebe werden als Eindringlinge und Fremde betrachtet, die unbedingt entfernt werden müssen. Sie passen nicht mehr zu dem neuen Wesen des Baumes. Needham erklärt:

„Als Sie wiedergeboren wurden, wurde Ihr alter, nicht erneuerter Mensch – Ihr ‚altes Ich' (der faule Apfel) – abgeschnitten – ‚gekreuzigt'. Das, was Sie von Natur aus waren, ‚ein Kind des Zorns', sind Sie nun nicht mehr. Es liegt dort auf dem Boden, tot. Im selben Moment (dem Moment des Einpfropfens) wurden Sie ein völlig ‚neues Ich', ein Golden Delicious."[29]

Es stimmt, Sie können immer noch sündigen, wie auch ein gepfropfter Baum immer noch schlechte Früchte hervorbringen kann. Deshalb muß ein Gärtner sehr darauf achten, daß er die wilden Triebe unterhalb der Schnittstelle entfernt. Genauso müssen auch wir wachsam sein: „So tötet nun die Glieder, die auf Erden sind, Unzucht, Unreinheit, schändliche Leidenschaft, böse Begierde und die Habsucht, die Götzendienst ist" (Kol 3:5).

Needhams eigenes Zeugnis über die Entdeckung dieser Wahrheit ist so beeindruckend, daß ich gern einige Teile davon wiedergeben möchte. Vielleicht kämpfen Sie ja mit denselben Problemen wie er:

„Als junger Christ glaubte ich, immer noch ein fauler Apfel zu sein – ein fauler Apfel, dem vergeben worden war. Da mir nicht bewußt war, daß Gott etwas völlig Neues in mich eingepfropft hatte, wußte ich auch nicht, daß ich ein neuer Mensch war – ein Golden Delicious.

Aufgrund dieser Unkenntnis glaubte ich, daß es meiner Natur entsprach, ‚faule Äpfel' hervorzubringen. Ganz gleich, wieviel Zweige ich abhackte, sie wuchsen wieder nach. Ich versuchte unzählige Male, ‚mir selbst zu sterben', aber der Saft mußte ja irgendwohin fließen. Für mich waren jene Zweige keine ‚fremden Eindringlinge'. Sie waren ein Ausdruck dessen, was ich war, und nichts anderes. Was konnte ich tun?

Es gab für mich eine lange Liste von Dingen, die man als Christ tun und lassen sollte, und so wurde ich Experte darin, an die gekappten Äste des alten Apfelbaums unechte Golden-Delicious-Früchte zu hängen. Manchmal war ich darin so geschickt, daß sogar andere Leute glaubten, echte Golden Delicious zu sehen.

Doch eines Tages kam mir eine Erleuchtung: Gott wollte keine nachgeahmten Äpfel, sondern echte Früchte – die ‚Frucht des Geistes'. Da seine Frucht jedoch eine andere Natur besaß als ein fauler Apfel, war ein großer Glaubensschritt nötig; ich mußte Ihm vertrauen, daß Er seine ‚Golden-Delicious'-Früchte an meine knorrigen beschnittenen Zweige hängen würde. Ich sah mich selbst folgendermaßen: wie ein Weihnachtsbaum aus einem ‚Peanuts'-Cartoon."[30]

Bis er die Wahrheit der Erneuerung entdeckte! Dann endlich begriff Needham:

„Sündigen (faule Früchte hervorbringen) ist so absolut unsinnig – so töricht –, *daß niemand, der einen klaren Menschenverstand besitzt, sündigen jemals vernünftig oder natürlich nennen würde.* Mit anderen Worten, für einen Christen ist es genauso undenkbar, zu sündigen, wie für einen Baum mit Golden Delicious, faule Äpfel hervorzubringen (auch wenn es unterhalb der Pfropfstelle noch möglich ist ...).

Ich frage mich, welche Auswirkungen die Erkenntnis auf unser Leben hätte, daß wir jedes Mal, wenn wir die Sünde wählen, *kurzfristig geisteskrank* handeln. Ich gebe unumwunden zu, daß das häufiger bei mir geschieht. Aber wie widersinnig ist es! Genau das würde auch ein Gärtner über mich denken, wenn ich immer wieder alte wilde Triebe aus meinem Golden-Delicous-Baum hervorbrächte. Warum? Weil ich damit beschließen würde, die wahre Natur meines Baums zu behindern. ‚Verrückt', würde der Gärnter sagen, und das mit Recht." [31]

Als wir erneuert wurden, wurden wir verwandelt – zu neuen Menschen verändert. Aber irgendwie fällt es uns leichter zu glauben, daß Jesus starb und auferstand, als zu glauben, daß *wir* starben und zu einem neuen Leben mit Ihm auferweckt wurden.

Wir erklären vielleicht, wir würden verstehen und auch glauben, daß wir zu neuen Menschen geworden sind; ich bezweifle jedoch, ob wir es wirklich verstehen. Wie reagieren wir, wenn wir bei einem Fest zugegen sind, uns jedoch als Außenseiter fühlen? Was denken wir, wenn wir etwas Dummes sagen oder etwas Törichtes machen? Was geht uns in einem solchen Moment durch den Kopf? Oder angenommen, jemand sagt oder tut etwas, wodurch alte Gefühle in uns geweckt werden und die damit verbundenen alten Lügen: „Ich bin ein Versager. Wenn die anderen wüßten, wie ich wirklich bin, würde mich niemand lieben." Sagen wir zu uns selbst: „Ich bin ein Schwachkopf; ich verhalte mich immer wie ein Idiot; das ist beschämend."? Oder sagen wir: „Also, das ist ja wirklich erstaunlich, daß jemand mit könglichem Blut sich so gegen seine Natur verhalten kann!"?

Noch ein anderes Beispiel: Wir gehen am Sonntag in den Gottesdienst, doch schon fünf Minuten nach dem Verlassen der Kirche sündigen wir. Was sagen wir dann? „Was bin ich doch für ein Heuchler. Gerade noch habe ich Loblieder gesungen und mir eine gute Predigt angehört, doch schon fünf Minuten später habe ich vollkommen versagt. Zwei Schritte vor und zehn zurück . . . so bin ich." Oder sagen wir uns: „Was ich gerade getan habe ... so habe ich mich früher immer verhalten. Moment mal. Das bin *nicht* ich. Das sind die alten Gewohnheiten, die sich wieder erheben wollen. Keine Chance!“

Es liegen Welten zwischen diesen beiden Reaktionen. Wer in der ersten Weise reagiert, glaubt zwar an den Tod Jesu und Seine Auferstehung, aber er sagt: „Wenn Er es tat, dann hat Er es gemacht.“ Die andere Reaktion lautet: „Nein, auch ich bin gestorben und zu einem Leben mit Ihm auferweckt worden. Was ich gerade getan habe, spiegelt nicht wider, was ich im Innersten bin, nämlich ein Kind Gottes.“

Wir müssen die Wahrheit verstehen und begreifen, daß Gott uns zu neuen Menschen gemacht hat; dann werden wir gemäß dem Bild leben, das wir von uns selbst haben. Wir werden verstehen, daß wir, wenn wir sündigen, unsere eigentliche Natur verletzen – denn wir sind zu Kindern Gottes geworden. Es bedeutet, daß in uns als Kindern Gottes nicht zwei Naturen leben. Als wir zu Christus kamen, starb die alte Natur; seitdem lebt Christus in uns durch Seinen Geist, wir wurden von neuem geboren.

Unsere Identität ist der Hauptangriffspunkt für den Feind. Wenn er uns in der Frage, wer wir sind, verwirren kann, hat er gewonnen. Deshalb schreibt Paulus in seinen Briefen immer wieder: „Wißt ihr nicht, wer ihr seid? Ihr würdet nicht so handeln, wenn ihr wirklich wüßtet, wer ihr seid.“ Paulus weist uns an, sich täglich vor Augen zu halten, wer wir geworden sind.

Je mehr wir zulassen, daß das Evangelium mit seiner verwandelnden Kraft uns durchdringt, desto mehr werden wir Befreiung erleben. Wir müssen dann nicht mehr auf unsere Probleme sehen, sondern können den Blick auf das richten, was Gott für uns durch Christus getan hat.

Zu Hause in der Familie des Königs

Es zählt zu einer meiner Hauptüberzeugungen, daß unser *Tun* von dem bestimmt wird, was wir *sind.* Jemand sagte einmal: „Unsere Taten sind nichts anderes als eine verspätete Bekanntgabe unserer Gedanken." Wenn Sie nun sich selbst vornehmlich als einen *Sünder* betrachten, dem vergeben worden ist (das heißt, Sie sehen sich selbst als Sünder), dann werden Sie sehr wahrscheinlich weiterhin sündigen und immer wieder um Vergebung bitten. Aber wenn Sie sich selbst so betrachten, wie Sie wirklich sind – daß Ihnen vergeben wurde, daß Sie erneuert wurden und jetzt ein Mitglied in der Familie Gottes sind –, dann wird sich Ihr Handeln dieser Sicht bald anpassen.

Ich stelle Ihnen die Frage: Wie sehen Sie sich selbst? Als Gottes Kind? Genau das sind Sie! Sie gehören zur Königsfamilie – auch wenn Sie sich nicht immer so *fühlen.* Paulus formulierte treffend:

❊ „Denn ihr habt nicht einen knechtischen Geist empfangen, daß ihr euch abermals fürchten müßtet; sondern ihr habt einen kindlichen Geist empfangen, durch den wir rufen: *Abba,* lieber Vater! Der Geist selbst gibt Zeugnis unserm Geist, daß wir Gottes Kinder sind. Sind wir aber Kinder, so sind wir auch

Erben, nämlich Gottes Erben und Miterben Christi" (Röm 8:15-17a).

* „So folgt nun Gottes Beispiel als die geliebten Kinder und lebt in der Liebe, wie auch Christus uns geliebt hat und hat sich selbst für uns gegeben als Gabe und Opfer, Gott zu einem lieblichen Geruch" (Eph 5:1-2).

Die herrliche Wahrheit des Evangeliums besagt, daß Sie zu Gottes ewiger Familie gehören. Sie sind kein Unfall, Sie sind keine Blamage für die Familie oder was der Teufel Ihnen sonst noch einreden will.

Peter Lord erzählt ein aussagestarkes Gleichnis von zwei jungen Adlern, die aus dem Nest hoch oben heruntergefallen sind und nun von Truthähnen aufgezogen werden. Sie wachsen in dem Glauben auf, Truthähne zu sein, doch beide haben keine rechte Freude am Leben der Truthähne. „Es ist schwer, ein Truthahn zu sein, wenn man ein Adler ist", schreibt Lord. Dann schildert er, wie sich einer der beiden Adler notgedrungen mit den anderen Truthähnen auf die Suche nach Eicheln begab. Er befand sich in einem bejammernswerten Zustand.

„Er sah aus wie die meisten Christen, die ich kenne – als wäre man über ihn hinweggetrampelt. Er schleppte sich hinter der Gruppe von Truthähnen her und blieb schließlich unter einem Baum hocken. Er ließ den Kopf hängen, die Flügel schleiften auf dem Boden, und er sprach: ‚O Herr, schon wieder so ein Tag.'

Oben im Baum saß eine alte Eule und schaute von ihrem Ast auf den Adler hinunter, der einen jämmerlichen Anblick bot – zerschlagen und entmutigt. Die

Eule fragte: ‚Wer bist du-u-u-u denn? Und was ist los?' Der junge Adler antwortete: ‚Ich bin ein Truthahn, dem nie etwas gelingt. Ich strenge mich so sehr an, aber ich schaffe es einfach nicht. Ich will nicht mehr leben.' Die Eule entgegnete: ‚Das Problem besteht darin, daß du nicht weißt, wer du-u- u-u bist. Du bist ein Adler. Du wirst dort unten auf dem Boden im dunklen Wald niemals glücklich werden.'"[32]

Was Lord damit sagen will, ist klar: Wir sind Adler und keine Truthähne, und unser Lebensraum ist der Himmel. Ich pflichte Peter bei – und ich bin begeistert, daß ich weiß, wer ich bin, nämlich ein Adler! Freuen Sie sich auch darüber? Oder haben Sie diese ungeheure Wahrheit noch nicht ergriffen? Vergessen Sie Ihre „Truthahn-Theologie!" Glauben Sie die Wahrheit, daß Sie ein geliebtes Kind des allmächtigen Gottes sind, daß Sie an Seiner Natur Anteil haben und daß Sie mit Christus alles erben, was Gott hat. Reden Sie sich nicht mehr selbst ein, Sie wären ein Truthahn. Lord schreibt: „Wenn man den Menschen sagt, sie seien Truthähne, verhalten sie sich auch weiter wie Truthähne."[33] Ein Adler verhält sich nur so lange wie ein Truthahn, bis er entdeckt, daß er ein Adler ist.

Warum fällt es vielen von uns so schwer, diese Wahrheit über uns selbst zu glauben? Warum ist es ein solcher Kampf, Gottes Wort anzunehmen und das zu glauben, was es über uns sagt? Wir müssen uns einmal die atemberaubende Aussicht vorstellen, die vor uns liegt, wenn wir der Zusage Gottes glauben, wenn wir danach handeln, daß wir tatsächlich Seine Kinder sind. Mir gefällt das Beispiel, das Lord zur Veranschaulichung dieser Wahrheit benutzt:

„Letztes Jahr Weihnachten habe ich jedem meiner fünf Kinder, von denen drei verheiratet sind, Geld geschenkt, weil man dieses Geschenk so leicht umtauschen kann. Meine Schwiegertochter, die als letztes in die Familie eingeheiratet hat, meinte: ‚Das geht doch nicht. So viel kannst du uns doch nicht schenken. Das ist einfach zu viel ... wirklich, das ist zu viel.' Wissen Sie, warum Sie das sagte? Sie wußte nicht, wer sie aufgrund der Eheschließung mit meinem Sohn war. Mein Sohn erklärte: ‚Papa, du kannst uns ruhig noch mehr geben.' Keiner von denen, die *wußten*, daß sie meine Kinder sind, erklärte: ‚Du tust zu viel für uns.' Sie nahmen das Geld einfach an und hielten sogar noch die andere Hand hin für den Fall, daß es noch mehr geben sollte. Aber meine Schwiegertochter hatte ihren Stand in der Familie noch nicht entdeckt. Sie besitzt eine neue Familie und eine neue Identität. Sie ist meine Tochter, aber sie konnte sich selbst noch nicht so sehen. Weil sie nicht wußte, wer sie war, fügte sie sich selbst eine Wunde zu. Wenn wir wissen, wer wir in Wahrheit sind, dann haben wir Vertrauen zu unserem Vater." [34]

Dann stellt Lord die Frage:

„Sind Sie bereit, aufzuschauen und zu sagen: ‚Herr, weil du mir die Gabe der Gerechtigkeit geschenkt hast, bin ich genauso gerecht wie du; ich nehme dieses Geschenk an, und aufgrund dessen, was du mir gegeben hast und was du sagst, erkläre ich, daß es die Wahrheit ist.'? Wenn wir empfangen haben, was Gott uns gibt, wenn es in unser Herz geschrieben ist, wird es unser Leben in einer Weise verändern, wie wir es uns nie haben träumen lassen. Wir werden nicht mehr von Angst vor dem Versagen getrieben. Das Wissen, wer wir sind, wird

Einfluß darauf haben, wie wir leben – wir sind Söhne und Töchter Gottes, eine neue Schöpfung, Heilige, geheiligt in Jesus Christus, voll der Gnade, die Gott uns gegeben hat."[35]

Das ist es, worum es bei der heilenden Kraft der Liebe geht! Gott hat uns so sehr geliebt, daß es Ihn zu einer extremen Handlung trieb: Er opferte Seinen eigenen Sohn, der zu diesem Opfer bereit war, und dadurch können wir Heilung erfahren. Durch die Sünde besaßen wir alle eine tödliche Wunde – doch „um wieviel mehr werden die, welche die Fülle der Gnade und der Gabe der Gerechtigkeit empfangen, herrschen im Leben durch den Einen, Jesus Christus" (Röm 5:17).

Das stimmt! Gott hat alles Nötige getan, damit wir „im Leben herrschen" können. Nichts blieb unfertig liegen. Nichts! Dennoch liegt die Entscheidung bei uns, ob wir uns daran freuen, was Er für uns bereithält. Werden wir die Reichtümer entgegennehmen, die Er für uns hat? Werden wir beschließen, an die heilende Kraft der Liebe zu glauben, sie anzunehmen, sie zu *ergreifen?*

Werden Sie es tun? Mein Vorschlag ist, daß Sie an dieser Stelle anhalten und im Gebet aussprechen, daß Sie Ihre Heilung und die Verwandlung durch Gottes Liebe annehmen. Natürlich ist es ein Prozeß, aber es ist auch ein Geschenk. Nehmen Sie es in Empfang!

Auf welches Ziel gehen Sie zu?

Ich hörte von einem Mann, der überall in den Vereinigten Staaten Friedhöfe aufsuchte und die Inschriften auf den Grabsteinen las, um mehr über seine Vorfahren herauszufinden. Auf einem der Grabsteine fand er folgende Worte:

„Halt ein, du Fremder, auf deinem Weg.
So wie du jetzt, so war ich einst.
So wie ich jetzt, so bist du bald.
So sei bereit, mir auf dem Weg zu folgen."

Neben dem Grabstein lag ein grobes Holzstück, auf dem die folgenden Worte eingeritzt waren:

„Ich bin nicht willig,
dir auf dem Weg zu folgen,
solang ich nicht weiß,
welchen Weg du gingst."

Darf ich Ihnen eine persönliche Frage stellen? Auf welchem Weg sind *Sie?* Es reicht nicht aus, Wissen *über* die lebensverändernden Wahrheiten zu besitzen, die in diesem Kapitel dargestellt wurden; diese Wahrheiten sind ein Teil von uns, in unser Herz hineingelegt, uns gegeben, damit wir sie in die Praxis umsetzen. Gott hat uns mit allem ausgerüstet, was wir brauchen, um selbst hier unten auf der Erde bereits als Bürger des Himmels zu leben.

Ich weiß jedoch auch, daß es nicht leicht ist, mit jahrelang eingeübten Verhaltensweisen unserer alten Natur zu brechen – die alten Denkmuster haben unsere Gewohnheiten geprägt. Schlechte Gewohnheiten sind tief in den Prozessen unseres Sinnes verwurzelt. Einige dieser Denk-, Fühl-, Überzeugungs- und Reaktionsmuster treten so natürlich bei uns auf, wie Früchte an einem Baum wachsen. Und doch handelt es sich um Lügen – „Ausläufer" fauler Früchte –, die unser Leben beherrschen wollen.

Selbst wenn wir innerlich verwandelt wurden, braucht die Veränderung unseres äußeren Verhaltens oft viel Zeit, benötigt Hilfe von anderen, die Beschäftigung mit dem Wort Gottes und andere Gnadenmittel des Heiligen Geistes. Anders ausgedrückt, es ist oft ein längerer *Prozeß*, unser äußeres Verhalten der inneren Wirklichkeit anzugleichen. Gott versteht das, und Er ist nur zu gern bereit, uns dabei zu helfen.

Sollte uns das überraschen? Schließlich ist Er die Quelle und der Geber der heilenden Kraft der Liebe – und Er wird uns bis ans Ziel begleiten.

Das hat Er versprochen!

8

Sofortige Rettung, lebenslange Heilung

Ich habe häufig Probleme mit Schmerzen im unteren Wirbelsäulenbereich, zum Glück sind es nicht ständige schwere Schmerzen. Meine Körpergröße von fast zwei Metern hat sicherlich zu dem Problem beigetragen; das Ein- und Aussteigen aus Fahrzeugen ist nicht so einfach, immer wieder bin ich gezwungen, meinen Rücken auf ungesunde Weise zu beugen oder zu verrenken. Aufgrund einer Sportverletzung – ich habe jahrelang Basketball gespielt – klemmt eine Bandscheibe ab und zu einen Nerv ein. Als Folge davon verspannen sich die Muskeln in der rechten Rückenhälfte. Ich habe wegen dieses Problems einen Arzt aufgesucht. Nach vielen Röntgenaufnahmen sagte er zu mir: „Nein, eine Operation würde nicht helfen. Ich empfehle Ihnen, viel spazieren zu gehen. Dadurch bleibt die Bandscheibe elastisch. Dies führt zur Entspannung der Muskeln und Linderung der Schmerzen."

Um die Schmerzen zu lindern, muß ich also beständig etwas tun. Es gibt keine Soforthilfe, bei welcher der Arzt sagen würde: „Geheilt!" (Verstehen Sie mich nicht falsch; natürlich wäre das schön.) Ich habe gelernt, daß die Heilung meines Rückens ein Prozeß ist; und ich bin daran beteiligt. Ich muß aufpassen. Ich habe noch immer den Wunsch, wie ein 21jähriger Basketball zu spielen, doch mein Körper ist inzwischen 49 Jahre alt, und es gibt bestimmte Dinge, die ich nicht mehr machen kann.

Wenn ich den Anweisungen des Arztes folge und darauf achte, dann verursacht mein Rücken keine Schmerzen. Doch wenn ich seinen Rat mißachte und nicht auf meinen Rücken achtgebe, kehren die Schmerzen zurück.

Genauso ist es auch mit den Schmerzen unserer Seele. Viele der emotionalen Verletzungen, Enttäuschungen, Kümmernisse und Verwundungen, an denen wir leiden, benötigen Zeit, um zu heilen, manchmal die Zeit eines ganzen Lebens.

Unsere Heilung umsetzen

Im vorausgegangenen Kapitel haben wir beschrieben, daß die Tatsache, daß Gott uns angenommen hat, sich nicht darauf gründet, was andere Menschen von uns denken, was wir in der Vergangenheit getan haben, und nicht einmal darauf, was wir von uns selbst denken. Vielmehr gründet sie sich auf Seiner Liebe zu uns, auf Sein Geschenk der Annahme, auf der Wiederherstellung der Freundschaft, auf der Annahme an Kindes statt durch den Heiligen Geist, der in uns wohnt.

Zunächst einmal müssen wir also verstehen, was Gott für uns getan hat, und Sein wundervolles Geschenk annehmen. Doch der nächste Schritt ist das Eingeständnis, daß wir immer noch tief verwurzelte Verhaltensgewohnheiten besitzen, die der Tatsache der

Liebe Jesu Christi zu uns und Seiner Annahme widersprechen. Dieser Konflikt ruft einen Kampf hervor und macht deutlich, daß ein Heilungs*prozeß* nötig ist.

Ich lehrte an unserer Bibelschule in Colorado über die Rechtfertigung durch den Glauben und die Frage, in welcher Beziehung das zu den Verhaltensweisen unserer alten Natur steht, die unser Leben beherrschen. Die Schüler hatten regelrechte Offenbarungen – manche weinten vor Freude, liefen in ihr Zimmer und kamen eine Weile später zurück, um zu berichten: „Jetzt habe ich es! Jetzt verstehe ich! Jetzt ist mir ein Licht aufgegangen: ich kann mir Gottes Liebe *nie* durch irgend etwas verdienen. Er liebt mich einfach!" Sie hatten wirklich die Tiefe der Liebe Gottes begriffen.

Doch als die Gefühle nach einer Weile wieder verebbten, kehrten die alten Verhaltensmuster zurück. Die alten Reaktionen auf Probleme waren wieder da. Nun konnte ich erklären: „Also, jetzt müssen wir über Heiligung sprechen; es geht sowohl um einen *Augenblick* der Heilung als auch um einen *Prozeß* der Heilung."

Seelische und geistliche Heilung ist körperlicher Heilung sehr ähnlich. Angenommen, Sie gehen mit einem gebrochenen Arm zum Arzt und haben gleichzeitig eine klaffende Wunde. Der Arzt sieht, daß Ihr Arm gebrochen ist und daß Sie einen tiefen Schnitt haben. Er richtet den Knochen, reinigt die Wunde, näht sie und sagt: „Kommen Sie in zwei Tagen wieder." Bei der Untersuchung zwei Tage später stellt er eine Entzündung in der Wunde fest, öffnet die Wunde erneut und reinigt sie. Er tut, was nötig ist, damit der Heilungsprozeß beginnen kann.

Als ich elf Jahre alt war, mähte ich für meinen Vater den Rasen. Der Rasenmäher stieß an einen Baumstumpf, und weil ich nicht aufgepaßt hatte, geriet mein Fuß, der nur mit einem leichten Turnschuh bekleidet war, unter den Rasenmäher. Das Messer schnitt den Schuh auf, der Motor kam zum Stillstand, und ich hatte eine klaffende Wunde am Fuß. Mein Vater hörte meinen gellenden Hilfeschrei, kam nach draußen gelaufen, trug mich ins Auto und fuhr mit mir ins Krankenhaus.

Der Arzt reinigte die Wunde, gab mir ein paar Spritzen und nähte den Schnitt. Dann sagte er etwas äußerst Merkwürdiges. Ich dachte, es sei alles fertig, doch er meinte: „Ich möchte, daß du morgen wiederkommst."

Gehorsam kehrten wir am nächsten Tag zurück, und der Arzt tat etwas in meinen Augen sehr Gemeines. Er begann, den Verband abzuwickeln, sah sich die Wunde an und sagte: „Aha", was für einen Elfjährigen äußerst unheilverkündend klingt. Dann entfernte er den Verband vollständig, öffnete die Wunde und reinigte sie von einer beginnenden Entzündung. Danach versorgte und verband er die Wunde erneut, lächelte und erklärte: „Jetzt wird es besser heilen."

Seit damals habe ich ein wichtiges Prinzip gelernt: Wenn man seelisch verwundet ist, muß man darauf achten, daß die Wunde rein ist von Bitterkeit, Zorn, Rachegedanken, Haß und Boshaftigkeit. Das ist ein Prozeß; es reicht nicht aus, die Wunde nur einmal zu reinigen. Wie bei mir damals mit der Verletzung am Fuß ist man zunächst noch sehr schmerzempfindlich, es tut noch weh. Wenn man an den Menschen denkt, der mit der Wunde in Zusammenhang steht, besteht die

Gefahr, erneut negativen Gedanken über diese Person Raum zu geben. Das ist der Moment, in dem man die Wunde erneut reinigen muß.

Es ist durchaus richtig zu sagen, daß wir geheilt *sind*, nämlich in dem Sinn, daß wir zu dem großen Arzt gegangen sind; doch damit das Heilverfahren vollständig wird, müssen wir an dem *Prozeß* der Heilung arbeiten.

Sieben Aspekte des Heilungsprozesses

Die nachfolgend dargestellten Aspekte sind kein Patentrezept für den Heilungsprozeß, auch wenn die Überschrift „Sieben Aspekte des Heilungsprozesses" so klingen mag. Vielmehr handelt es sich um Prinzipien, die ich durch viele Fehler gelernt habe. Sie haben sich im Lauf von dreißig Jahren herauskristallisiert, in denen ich die großartigen Wahrheiten über unsere Identität in Christus in meinem Leben umgesetzt habe. Jeder einzelne dieser sieben Aspekte ist äußerst wichtig für unsere Heilung; es ist jedoch nicht so, als müßte man jeden nur einmal durchlaufen und dann ist der Prozeß abgeschlossen. Alle sieben Aspekte sind immer wieder auf dem gesamten Weg nötig; deshalb habe ich sie „Aspekte" und nicht „Schritte" genannt. Schritte geht man einen nach dem andern; wenn man den nächsten Schritt geht, ist der vorausgegangene abgeschlossen. Im Gegensatz dazu sind alle Aspekte während des gesamten Prozesses von entscheidender Bedeutung.

1. Seien Sie ehrlich

Nur in dem Maß, in dem uns bewußt ist, daß wir Gottes heilende Liebe dringend benötigen, können wir sie erfahren und dann auch bewußt annehmen. Wenn wir unsere Probleme leugnen und sie ignorieren, werden wir das, was Gott uns geben will, nicht erhalten und Gottes Hilfe in unseren Problemen nicht erfahren. Wir müssen ehrlich dazu stehen, was uns widerfahren ist oder wie unsere Reaktion auf schwierige Situationen aussieht. Wenn wir nicht ehrlich sind, können wir Gottes Lösung für uns weder konkret noch bewußt suchen.

Sind uns unsere Probleme oder Schmerzen nur oberflächlich bewußt, besteht außerdem die Gefahr, daß wir nur nach oberflächlicher Hilfe suchen. Sowohl innerhalb als auch außerhalb der christlichen Gemeinde werden viele solcher oberflächlichen Hilfsmittel angeboten. Man kann natürlich Aspirin nehmen, wenn man Krebs hat, oder auf eine eiternde Wunde ein Pflaster kleben, doch solche Methoden helfen nie weiter. Deshalb müssen wir Gottes Lösung suchen, wenn es um Heilung unseres Schmerzes geht.

Nur wenn wir vollkommen ehrlich werden, können wir wirklich geistlich sein. Geistlich sein bedeutet nicht, gute Gefühle über uns selbst und Gott zu haben; es heißt, Gott gegenüber ehrlich und aufrichtig zu sein. Erst dann können wir Wahrheit und Gnade von Ihm empfangen und Seine Hilfe im Bereich unserer Not anwenden.

Meine Frau und ich bemühen sich darum, ehrlich miteinander zu sein. Wir sind offen voreinander, ganz gleich, ob wir verletzt oder zornig sind. Sally reagiert bei mir in keiner Weise ängstlich. Ich habe elf Bücher geschrieben und schon in vielen Ländern im Fernsehen gesprochen, aber wenn meiner kleinen Frau aus Texas meine Worte oder mein Handeln nicht gefallen, sagt sie es. Sie sagt nicht vorsichtig: „Es tut mir leid, daß ich Sie stören muß, Herr Floyd, Sie großer Evangelist, aber ..." Nein, sie schaut mir gerade in die Augen und sagt: „Das will ich nicht, das nehme ich nicht hin; und bitte sprich nicht so mit mir!" Meine Frau ist *ehrlich*.

Gott fordert uns auf, Ihm gegenüber ehrlich zu sein. Er ermutigt uns, zu Ihm genauso ehrlich zu sein, wie Sally es zu mir ist. Er hat uns zu einer engen Gemeinschaft mit Ihm berufen, und Ehrlichkeit ist ein wichtiger Teil von Gemeinschaft. Es ist wichtig, ehrlich zu sein; nur so kann wahre Heilung stattfinden.

Ehrlichkeit ist ein wichtiger Schlüssel zum Umgang mit meinen Rückenschmerzen. Es kommt vor, daß ich die Schmerzen ignoniere, weil ich denke, ich hätte keine Zeit dafür. Je mehr sich jedoch meine Muskeln verspannen, desto mehr verkrümmt sich mein Rücken. Je verkrümmter ich gehe, desto ersichtlicher wird es für jeden, daß bei mir irgend etwas nicht stimmt. Das geschieht in der Regel ein- oder zweimal im Jahr.

Manchmal, wenn ich Rückenschmerzen habe und wie der schiefe Turm von Pisa dastehe, fragen mich die Leute: „Wie geht es dir?" „Gut", gebe ich zur Antwort. „Aber du siehst nicht so aus. Du hältst dich ja ganz schief." Dann gebe ich zu: „Ja, stimmt. Ich habe Rückenschmerzen." Ich habe mich so bemüht, nicht an meine Schmerzen zu denken, daß ich ihr Vorhandensein nicht eingestehen will.

Genauso kann es uns bei seelischen Schmerzen, Enttäuschungen, Verletzungen und Ängsten gehen. Aber Gott will, daß wir schonungslos ehrlich gegen Ihn sind. Wir müssen ehrlich sein im Blick auf das, was vielleicht alle anderen um uns her erkennen, nur wir selbst nicht.

Ich möchte Ihnen vorschlagen, daß Sie sich einen Moment Zeit nehmen und in einem einfachen Gebet aussprechen, daß Sie ehrlich vor Gott leben wollen. Diesen Vorschlag werde ich übrigens nach jedem der sieben Aspekte wiederholen und Sie einladen, einen Moment innezuhalten und sich im Gebet dem Herrn zuzuwenden.

Sie können zum Beispiel folgendes Gebet sprechen:

Herr, hilf mir, hinsichtlich meiner Gefühle und alten Verhaltensmuster ehrlich zu sein. Wenn ich ärgerlich auf jemand reagiere, hilf mir, meinen Ärger einzugestehen. Wenn ich unfreundlich zu meinem Ehepartner, meinen Kindern oder einem Freund bin, hilf mir bitte, ehrlich zu sein, Herr. Wenn ich müde oder enttäuscht bin, dann hilf mir bitte, es ehrlich vor mir zuzugeben – und vor Dir. Hilf mir, Herr, die Wahrheit zu erkennen und sie zuzugeben und dann auf dieser Grundlage weiterzugehen. Im Namen Deines lieben Sohnes Jesus. Amen.

2. Täglich der Sünde sterben

Manchmal entscheiden wir uns bewußt für die Sünde; häufiger jedoch handelt es sich um eine nicht gewollte Reaktion. Wir reagieren zum Beispiel auf Enttäuschung über einen Menschen und meiden den Betreffenden.

Oder wir kritisieren einen anderen Menschen, weil er uns verletzt oder im Stich gelassen hat. Oder wir reagieren mit Unglauben; vielleicht haben wir Angst davor, daß Menschen uns verletzen könnten, wenn sie uns näherkommen, und deshalb vertrauen wir weder ihnen noch Gott. Ganz gleich, ob die Sünde eine ungewollte Reaktion oder ein willentlicher Entschluß ist, wir sind in jedem Fall dafür verantwortlich, uns von ihr abzuwenden. Aber wir müssen an dieser Stelle vorsichtig sein. Gott will *nicht*, daß wir für den seelischen Schmerz Buße tun, durch den die Sünde ausgelöst wurde; man kann nicht dafür um Vergebung bitten, daß man verletzt wurde. Statt dessen müssen wir Verantwortung für unsere sündigen *Reaktionen* übernehmen, die durch schmerzvolle Gefühle oder Situationen bewirkt wurden. Glücklicherweise hat Gott uns die Mittel an die Hand gegeben, um das tun zu können.

Wenn wir gesündigt haben, dürfen wir nicht vergessen, daß unsere Sünde kein Ausdruck dessen ist, wer wir sind. Sind wir durch den Glauben zu Christus gekommen – mit nichts in den Händen als unserer Bedürftigkeit – und haben unser Vertrauen auf Ihn gesetzt und Seine Rettung angenommen, dann dürfen wir sicher sein, daß wir Gottes Kinder sind und Sein Geist in uns wohnt. Wir sind nicht Menschen mit zwei Naturen, mit einer bösen und einer geistlichen Seite. Unser altes Ich ist mit Ihm gekreuzigt worden, und Er hat eine neue Natur in uns geschaffen. Wenn wir jetzt sündigen, entspricht es nicht unserer Identität. Es ist kein Ausdruck davon, wer wir sind. Es ist nicht mehr unsere Natur. Statt dessen sind wir Kinder Gottes, die in ein altes Verhaltensmuster zurückgefallen sind.

Was sollen wir jetzt tun, nachdem wir das verstanden haben? In Römer 6 erklärt Paulus drei fundamentale Wahrheiten, auf die wir uns stützen können:

a) Wir sind der Sünde gestorben (Verse 1-7).
b) Wir wissen, daß wir für Christus leben (Verse 8-10).
c) Wir sollen uns Christus hingeben (Verse 11-14).

Auf der Grundlage dieser Wahrheiten bete ich häufig in folgender Weise:

„Herr, ich komme zu Dir, weil Du für mich ans Kreuz gegangen bist. Danke, daß ich meiner alten Lebensweise gestorben bin, als ich Dich in mein Herz aufnahm. Danke, daß Du durch Deinen Heiligen Geist in mein Herz gekommen bist und mir vergeben hast. Aber, Herr, jetzt bin ich verletzt. [Oder ärgerlich, enttäuscht oder ... Versuchen Sie, Ihre Gefühle ehrlich zu benennen.] Herr, ich wende mich von der Versuchung zu sündigen ab. Es tut mir leid, daß ich diese Möglichkeit überhaupt in Erwägung gezogen habe. Ich will es nicht. Danke, Herr, daß ich dieser Sünde mit Christus am Kreuz gestorben bin, und ich betrachte mich selbst von jetzt an dieser Sünde gegenüber für tot. Durch den Glauben empfange ich Deine Hilfe, die Du mir durch den Heiligen Geist aufgrund Deines Todes am Kreuz gibst. Ich muß der Sünde nicht mehr zum Opfer fallen oder ihr Knecht werden. Ich bin frei durch die Auferstehungskraft Christi. Danke, Jesus."

Beachten Sie die Inhalte dieses einfachen Gebets: 1. Warum ich komme (Sein Tod am Kreuz); 2. ehrlich kommen; 3. im Glauben kommen; 4. eine Entscheidung treffen; 5. den Segen dieser Entscheidung im

Glauben empfangen. Dann bitte ich den Herrn, mir von jetzt an zu helfen. Ich bete im Glauben, als Antwort darauf, was Er am Kreuz getan hat, und vertraue Seiner Verheißung, daß ich frei bin. Das bedeutet nicht, daß ich nicht erneut versucht werde oder daß die negativen Gefühle nie wieder auftauchen werden; aber ich kann in dem von Ihm bereits errungenen Sieg leben. Wie? In jedem neuen Augenblick weiß ich, daß ich für die Sünde tot bin, weil ich mit Christus am Kreuz starb.

3. Die heilende Liebe Gottes täglich umsetzen

In New York lebten zwei exzentrische Brüder, die beim Tod ihres reichen Vaters eine Villa und viel Geld erbten. Die Brüder lebten in der Villa, doch die Angst trieb sie dazu, alle Eingänge des Hauses mit Brettern zu vernageln. Sie verließen und betraten das Haus nur bei Nacht, und zwar durch ein Fenster im zweiten Stock, das sie als einzige Öffnung nicht zugenagelt hatten. Sie hoben nie Geld von ihrem Bankkonto ab, sondern gingen auf die Müllplätze der Stadt und suchten dort nach verwertbaren Abfällen.

Jahre vergingen. Schließlich breitete sich in der Umgebung der Villa ein so übler Geruch aus, daß die Nachbarn die Polizei riefen. Niemand wußte, ob jemand in der Villa lebte. Die Polizei versuchte, das Haus durch den Haupteingang zu betreten, doch vergeblich. Endlich bemerkten sie, daß jenes Fenster im zweiten Stock offen war und krochen hindurch. Innen fanden sie rund sechzig Tonnen Müll.

Einer der Brüder wurde tot in einer Stahlfalle gefunden, die er als Schutz vor möglichen Eindringlingen gebaut hatte. Sein Körper hing schon seit Monaten verwesend in der Falle. Der andere Bruder lag tot im Bett im ersten Stock.

Die Brüder waren reich, besaßen alles, was sie nötig hatten, doch weigerten sich, es anzunehmen und lebten deshalb vom Müll.

In unserer Zeit werden uns viele Müllhalden-Lösungen angeboten. Versuchen Sie nicht, diese zu Ihrer Lebensgrundlage zu machen! Laufen Sie nicht von einer Veranstaltung, von einer Konferenz zur anderen, und von einem Seelsorger zum nächsten, auf der Suche nach Menschen, die Ihnen das geben sollen, was Gott bereits für Sie bereithält. *Nehmen Sie an, was Ihnen gehört.*

Alles, was wir benötigen, ist in Christus, und Christus ist in uns. Unsere Heilung beruht nicht auf dem Versuch, etwas zu tun oder etwas zu werden. Wir sind bereits das, wozu Er uns gemacht hat. Unsere Aufgabe besteht jetzt darin, in der Kraft des Allmächtigen, der in uns lebt, das, was wir als Söhne und Töchter Gottes sind, umzusetzen und anzunehmen.

Peter Lord erzählt von einer Frau, die das Gemeindebüro seiner Gemeinde in Titusville in Florida aufsuchte.[36] Es handelte sich um eine verwitwete Mutter mit mehreren Kindern, die einen Strafzettel für zu schnelles Fahren erhalten hatte und nun nicht wußte, woher sie das Geld nehmen sollte. Peter bot ihr an, einen Teil der Summe zu decken, aber sie wollte das Geschenk nicht annehmen. Er mußte seine ganze Überredungskunst anwenden, damit sie schließlich das Geld annahm.

Lord berichtet weiter:

„Ich versuchte dasselbe noch einmal bei einem kleinen Mädchen, das später ins Büro kam. Ich sagte: ‚Mein liebes Kind, Gott hat mir gesagt, daß ich dir zehn Dollar geben soll.' Sie sagte: ‚Danke.'

Was antworten Sie Gott, wenn Er Ihnen sagt: ‚Ich nehme dich an, ich vergebe dir?' Sie sollten einfach ‚Danke!' sagen. So einfach hat das kleine Mädchen das Geschenk angenommen. Das meint die Bibel, wenn es dort heißt: ‚Wer das Reich Gottes nicht annimmt wie ein Kind, wird nicht hineinkommen.' Unser Stolz hält uns davon ab, das zu empfangen, was Gott uns geben will. Können Sie Ihre Hände zu Gott ausstrecken und einfach die Fülle der Gnade und das Geschenk der Gerechtigkeit annehmen?"[37]

Lord erklärt, dieser Vorfall habe ihn dazu gebracht, Gott darum zu bitten, daß er ein „professioneller Empfänger" werde. Was für eine interessante Bezeichnung! Als ich es las, fragte ich mich: *Was ist ein Amateur-Empfänger?* Ein amateurhafter Empfänger ist nicht gut ausgebildet und nicht sehr geschickt; außerdem konzentriert er sich nur ab und zu auf das Empfangen. Ein professioneller Empfänger hingegen ist vollzeitlich damit beschäftigt und im Empfangen geübt. Ich stimme Peter Lord zu: auch ich möchte ein professioneller Empfänger sein!

Wie können wir das in die Praxis umsetzen? Wenn ich mit einer Situation zu kämpfen habe, die mich zu überwältigen droht, bete ich: „Gott, Du siehst die Situation. Ich brauche Hilfe. Ich weigere mich aufgrund Deiner Gnade, in falscher Weise damit umzugehen. Aber ich schaffe es nicht allein, Herr. Kannst Du mir bitte die Gnade, die Stärke und die Kraft des Heiligen Geistes geben, damit ich in der Art und Weise mit der Situation umgehe, wie Du es möchtest? Ich empfange jetzt Deine Gnade und Deine Kraft für diese Situation und wende sie an. Ich empfange sie im Glauben."

So einfach gehe ich vor; und genauso können Sie es auch machen. Wenn Sie gerade jetzt vor einer Schwierigkeit stehen, dann halten Sie doch einen Moment an und sprechen Sie ein ähnliches Gebet.

Die Herrlichkeit des Königs des Universums wird dadurch nicht geschmälert. Vielmehr hat Er sich auf unsere Ebene begeben und gesagt: „Ich lade dich ein, alles anzunehmen, was ich habe. Alles, was mir gehört, das gehört auch dir." Wie der Vater des verlorenen Sohnes dem älteren Bruder alles anbot, was er besaß, so sagt auch Gott jetzt zu Ihnen: „Alles, was ich habe, das gehört dir. Komm und feiere mit!"

4. Beziehungen pflegen

Manche Bücher, die sich mit ähnlichen Themen wie das vorliegende Buch befassen, haben die Schwäche, daß sie eine überwiegend humanistische Sichtweise darstellen. Sie lehren, daß man eigentlich nur die Ideen des Buches übernehmen muß und dann alles in Ordnung kommt. Aber das stimmt nicht, und es entspricht auch nicht Gottes Plan für den Umgang mit Problemen und Schmerzen.

Wahrheit ist eine unverzichtbare Grundlage für Heilung, doch wenn es an Beziehungen fehlt, durch die wir gestärkt werden, erfahren wir keine Heilung (das ist ein Tatbestand der Wahrheit).

Vor einiger Zeit hatte ich große Probleme mit einem bestimmten Menschen. Ich arbeite nach wie vor an der Beziehung zu ihm. Zwei Freunde riefen mich regelmäßig an und fragten: „Floyd, wie geht es dir? Wie sieht deine Reaktion aus?" Sie haben mir geholfen, zwei große Probleme durchzustehen. Sie haben mich ermutigt, ehrlich vor dem Herrn meine Gefühle zuzugeben. Und sie haben mich immer wieder ermahnt, in Liebe zu reagieren.

Ohne meine Freunde Dave und Lynn hätte ich den Kampf nicht gewonnen. Sie haben mich ungeheuer ermutigt und herausgefordert. Sie waren Kanäle, durch die Jesu Gnade und Wahrheit in mein Leben floß. Sie selbst waren nicht die Quelle, aber sie stellten sich als Kanäle zur Verfügung, mit deren Hilfe Gott in meinem Leben wirken konnte.

Als Einzelpersonen haben wir selten die nötige Objektivität. Wir brauchen treue, liebevolle, barmherzige Freunde, die uns sowohl zur Rechenschaft ziehen als uns auch ermutigen. Manchmal hörten mir meine beiden Freunde einfach nur zu und ermutigten mich; zu anderen Zeiten sagten sie mir ohne Beschönigung die Wahrheit. Da ich weiß, daß es treue Freunde sind, war ich bereit, Korrektur von ihnen anzunehmen. Das benötigen wir von unseren Freunden, und solche Freunde sollen wir für andere sein. Manchmal fehlt uns der Mut, nahestehenden Menschen gegenüber ehrlich zu sein. Aber wenn wir unsere Freunde nicht auch korrigieren und ihnen das

Feedback geben, das sie benötigen, dann lassen wir sie letztlich im Stich. Das können weder wir uns noch sie sich leisten.

5. Die Wahrheit denken

Auf dreierlei Weise kann man sich selbst sehr einfach in Bedrückung bringen:

a) Etwas denken, das Gott nicht über uns sagt oder denkt.
b) Etwas denken, das der Teufel über uns sagt.
c) Etwas Falsches denken, das andere Menschen über uns gesagt haben.

Jeder dieser drei Wege führt garantiert zur Niederlage. In der Bibel heißt es: „Wie ein Mann in seinem Herzen denkt, so ist er" (Spr 23:7). Um die Wahrheit dieser Aussage zu beweisen, möchte ich Ihnen einen Weg zeigen, dessen Umsetzung garantiert dazu führt, daß Sie sich schlecht fühlen: Setzen Sie sich hin und schreiben Sie alles auf, wo Sie im Leben versagt haben, jede negative Äußerung anderer Menschen über Sie, jede Lüge, die der Feind Ihnen eingeflüstert hat, und dann beschäftigen Sie sich den ganzen Tag lang mit diesen Gedanken. Ich kann Ihnen versprechen, daß Sie einen sehr, sehr schlechten Tag haben werden!

Auf der anderen Seite besteht eine direkte Verbindung zwischen dem Nachsinnen über Gottes Verheißungen, Seinen Zusagen an uns, Seiner Versorgung für uns und der Art und Weise, wie Er uns gebraucht. „Danke, Gott, daß ich gar nicht so viel sündige, wie es theoretisch möglich wäre!“ pflegte Dr. Frances Schaeffer zu sagen. Es ist gut, das nicht zu vergessen. Nicht jeder sündigt so viel, wie er eigentlich könnte. Lieber Christ, Du bist nach dem Bilde Gottes geschaffen – laß Dich deshalb nicht von einer „Ich-elender-Sünder-Theologie“ niederdrücken; laufe nicht gebeugt umher, führe nicht ständig das Bekenntnis auf den Lippen, wie schlecht Du bist. Wir sollten vielmehr christuszentriert leben und nicht so sehr menschenorientiert. Christus hat uns zu neuen Menschen gemacht.

Wir müssen die Wahrheit über uns selbst in unseren Gedanken haben!

Es ist wie mit einem Auto und einem Anhänger. Wohin das Auto fährt, folgt auch der Anhänger. Wenn wir die Wahrheit denken und uns für die Wahrheit entscheiden, dann müssen unsere Gefühle der Wahrheit folgen und sie unterstützen. So hat Gott uns geschaffen. Es ist wie eine große Portion Vanilleeis auf einem Stück heißen Apfelstrudels. Die gefrorene Leckerei verstärkt noch den Reiz, den Strudel zu essen, aber das Eigentliche ist der Strudel. Oder noch ein Beispiel: Stellen Sie sich vor, man lenkt ein Auto samt Anhänger zur nächsten Schnellstraße und fährt dann mit 130 Stundenkilometern rückwärts los. In kürzester Zeit hätte man Wagen und Anhänger zu Schrott gefahren. Warum? Weil man den Wagen und den Anhänger nicht ihrem Zweck entsprechend eingesetzt hat.

Ebenso entspricht es nicht Gottes Absicht, daß uns

Gefühle leiten. Sein Plan sieht nicht vor, daß wir uns von unseren Gefühlen bestimmen lassen. Deshalb müssen unsere Gedanken mit der Wahrheit erfüllt sein.

6. Leben durch die Wahrheit und nicht durch Gefühle

Es reicht nicht aus, die Wahrheit zu denken, wir müssen auf der Grundlage der Wahrheit leben.

Letztes Jahr kam eine junge Frau zu mir in die Seelsorge; sie war klug und besaß ein offenes Wesen, führte aber ein Leben in der Niederlage, weil sie sich von ihren Gefühlen bestimmen ließ. Wenn sie verletzt wurde, schlug sie zurück, weil die Gefühle es ihr sagten. Wenn sie müde war, verschwand sie tagelang, weil sie sich danach fühlte. Ich versuchte ihr aufzuzeigen, daß sie ihr Leben von ihren Gefühlen hatte bestimmen lassen und daß es ihr deshalb schwerfiel, die Wahrheit über sich zu denken.

Diese junge Frau *wußte* die Wahrheit, und manchmal bekannte sie sie auch vor sich selbst, aber sie hatte es regelrecht eingeübt, sich von ihren Gefühlen beherrschen zu lassen. Ich forderte sie auf: „Leben Sie nicht auf der Grundlage Ihrer Gefühle, sondern leben Sie auf der Grundlage der Wahrheit. Gestehen Sie Ihre Gefühle ehrlich ein, breiten Sie sie vor dem Herrn aus und entscheiden Sie sich dann zur Gerechtigkeit. Üben Sie ein Verhalten der Gerechtigkeit, der Freundlichkeit und Höflichkeit ein.“ Sofort erhielt ich zur Antwort: „Aber ich fühle mich nicht danach.“

Ich erwiderte: „Das ist okay, Sie müssen sich nicht danach fühlen. Das dürfen Sie ruhig ehrlich zugeben. Aber Sie sollten sich trotzdem zur Gerechtigkeit entscheiden."

„Aber dann wäre ich ja ein Heuchler", protestierte sie.

„Nein, Sie kämpfen nur gegen negative Gefühle. Sie müssen den Entschluß treffen, daß Sie nicht von ihnen beherrscht werden wollen", erklärte ich mit Nachdruck.

Ich weiß aus eigener Erfahrung, daß das nicht immer leicht ist. Auf der einen Seite bin ich ein Visionär, der gern große Taten vollbringen möchte, und auf der anderen Seite liebe ich den Kontakt zu Menschen. Ich bin gern mit Leuten zusammen; mir macht es Freude, Menschen zu ermutigen, doch gleichzeitig hänge ich gern großen Träumen nach.

Als Visionär mit großem Tatendrang liebe ich jede Herausforderung und gehe im Vertrauen auf Gott gern große Dinge an, doch ist das alles nicht mit vielen Gefühlen verbunden. Ich bin voller Entschlossenheit, aber nicht sehr emotional. Ich sehe die Aufgabe und setze alles dafür ein. Doch die kontaktfreudige Seite in mir macht mich empfänglich für Stimmungsschwankungen. Lange Zeit bestimmten meine Gefühle, mit welcher Einstellung ich in den Tag ging. Wenn mir morgens beim Aufwachen eine negative Bemerkung einfiel, die jemand am Tag vorher gemacht hatte, war der ganze Tag verdorben oder zumindest etliche Stunden des Tages.

Schließlich kam ich zu der Erkenntnis, daß Gott selbst mir diese Sensibilität gegenüber Menschen geschenkt hat. Ich mag Menschen. Mir bereitet es Freude, andere zu ermutigen. Aber gerade weil ich ein Gespür für andere habe, bin ich auch Gefühlsschwankungen ausgesetzt. Weil ich diese jedoch nicht über mich herrschen lassen kann, habe ich gelernt zu sagen: „Herr, ich bin verletzt. Ich bin ärgerlich. Ich bin zornig [oder was auch immer], und ich gebe Dir jetzt diese Gefühle. Hilf mir, daß ich mich nicht davon bestimmen lasse." Ich habe festgestellt, daß dadurch die Gefühle schneller zur Ruhe kommen.

Ganz gleich, ob Sie gefühlsmäßig eher stabil sind oder ob Ihre Gefühle wild hin und her schwanken, Gott will Ihnen die Kraft geben, daß Sie ein Leben in beständiger Gottesfurcht führen können. Um dieses Ziel zu erreichen, müssen wir auf der Grundlage der Wahrheit leben und nicht nur die Wahrheit in unseren Gedanken haben.

7. Zeit

Zur Bewältigung bestimmter Dinge braucht es Zeit. Wunden heilen nicht sofort. Dr. Bob Pierce, der Gründer von World Vision, sagte oft zu Sally und mir: „Neunzig Prozent des Erfolgs hängen davon ab, daß man bis zum Schluß durchhält." Viele Menschen geben zwischendurch auf. Wer durchhält, wer dranbleibt, gewinnt. Angenommen, zehn Athleten laufen in einem Wettkampf und neun geben auf, dann gewinnt der zehnte Läufer, selbst wenn er der langsamste von allen gewesen ist.

Ich formuliere es gern so: Es gibt nur einen Fehler

im Leben, nämlich nicht aus den eigenen Fehlern zu lernen. Anders ausgedrückt, das meiste lernen wir nicht aus der Erfahrung, sondern dann, wenn wir die Erfahrung richtig *beurteilen.* Jeder von uns muß im Leben schwierige Lektionen lernen. Es braucht einfach Zeit, aus Erfahrungen zu lernen und daran zu wachsen.

Ich habe gelernt, in schwierigen Zeiten nicht mehr die Frage zu stellen: „Herr, warum muß ich das durchmachen?" Diese Fragestellung führt nur zur Anklage gegen Gott. Wenn ich jedoch frage: „Was willst Du mir dadurch beibringen?", kann ich sehr viel lernen.

Aus dem Wort Gottes geht deutlich hervor, daß Gott die Prüfung Seiner Kinder zuläßt. Er führt sogar bewußt bestimmte Umstände, Ereignisse oder Menschen herbei, damit wir bestimmte Erfahrungen machen und ganz konkrete Lektionen lernen. Wenn wir aus den Schwierigkeiten oder Prüfungen nichts lernen, haben wir die Prüfung nicht bestanden.

Denken wir an die Kinder Israel in der Wüste. Es war nicht Gottes Plan, daß sie vierzig Jahre in der Wüste verbringen sollten. Gott war enttäuscht, daß sie die Lektionen nicht gelernt hatten. Erinnern Sie sich daran, wie Gott zwölf Spione in das Verheißene Land sandte? Zehn von ihnen kamen mit einem negativen Bericht zurück, nur zwei – Josua und Kaleb – gaben einen positiven Bericht. Josua und Kaleb hatten genau dieselben Riesen wie die anderen gesehen, das gaben sie ehrlich zu, aber sie glaubten zugleich, daß Gott größer ist als die Riesen. Anders als die zehn Kundschafter lernten die beiden ihre Lektion. Die anderen zehn ließen sich beeindrucken von dem, was sie sahen, und so wurden die

Umstände zu ihrem Gott ... sie mußten Staub lecken in der Wüste, bis sie alle gestorben waren.

Sally und ich lebten achtzehn Jahre lang in Amsterdam. Die letzten sieben Jahre hatte Sally körperlich sehr viel zu leiden. Einmal waren mein Sohn Matthew und ich auf einer Missionsreise im Amazonasgebiet; wir besuchten dort Missionsteams, die unter Eingeborenenstämmen Gemeinden gründeten. Nach meiner Rückkehr verbrachten Sally und ich ein paar Tage miteinander und erzählten uns, was in der Zwischenzeit geschehen war. „Ich habe so schlimme Schmerzen gehabt wie noch nie", vertraute mir Sally an. Diese Worte beunruhigten mich zutiefst. Meine Frau beklagt sich nicht schnell, und sie kann starke Schmerzen ertragen. „An manchen Tagen hätte ich am liebsten nicht mehr weitergelebt", bekannte sie mir.

Ich konnte es fast nicht glauben. Schon seit Jahren hatte ich gesagt: „Wir müssen in ein trockeneres Klima ziehen; du brauchst eine andere Umgebung." Aber Sally hatte diesen Gedanken immer zurückgewiesen. Doch als ich diesmal sagte: „Vielleicht müssen wir jetzt doch in die Staaten zurückkehren und nach ärztlicher Hilfe für dich suchen. Du brauchst einfach ein trockeneres, wärmeres Klima", da antwortete sie: „Ja, vielleicht sollten wir das tun."

Ich war sprachlos. Plötzlich kam ich mir gar nicht mehr so heldenhaft vor. Ich fühlte mich bedroht. Ich hatte Sally das Angebot vor allem gemacht, um die Rolle des guten Ehemanns zu spielen – ich wollte auf sie eingehen und mich liebevoll zeigen. Aber als sie mich beim Wort nahm, wurde ich nervös. Ich dachte: *Was ist, wenn wir Amsterdam wirklich verlassen? Was soll ich dann machen? Wohin soll ich gehen?* Meine ganze Identität hing an meiner Tätigkeit als Missionar; ich hatte in all den Jahren versucht, die Menschen im Zentrum von Amsterdam zu erreichen.

Monate vergingen, und ich begann, meine Lektion zu lernen. Ein Freund rief mich an und sagte: „Floyd, ich habe für dich gebetet. Du kehrst nicht in die Staaten zurück, weil Sally krank ist. Gott benutzte Sallys gesundheitlichen Zustand, um deinem Leben eine neue Richtung zu geben. Er hat etwas Neues für dich." Dieses Wort wurde für mich zu einem hellen Lichtstrahl. Ich begriff langsam eine Lektion, die ich schon einmal gelernt hatte, nun jedoch auf neue Weise verstand: *Gott ist wirklich größer als unsere Lebensumstände.* Ich konnte erkennen, daß Gott unsere schwierige Situation benutzte, um unserem Leben eine neue Richtung zu geben.

Seit wir in die Heimat zurückgekehrt sind, hat sich Sallys Gesundheit tatsächlich sehr verbessert. Doch unabhängig davon hat Gott diese Situation benutzt, um uns Seine weiteren Pläne für unser Leben zu zeigen, um uns eine neue Richtung zu weisen. (Wir sind übrigens beide sehr froh, daß wir Gottes Anweisungen folgten. Wir leben in den herrlichen Rocky Mountains in Colorado mit Blick auf das Mission Village.)

Wenden Sie sich an Gott, wenn Ihre Situation schwierig ist. Fragen Sie Ihn, was Er Ihnen zeigen will. Lernen Sie diese Lektion, lassen Sie diese Lektion zu einem Teil Ihres Herzens und Lebens werden, und bauen Sie dann darauf auf. Wenn Sie gerade einer Schwierigkeit gegenüberstehen, schauen Sie auf Gott. Er kann etwas Neues für Sie schaffen. Bei uns hat Er es getan, und

Er kann Ihre Schwierigkeiten nehmen, sie nutzen und sie Ihnen zum Segen werden lassen. Aber vergessen Sie nie: Manchmal braucht es Zeit. Gott hat noch nie etwas von Abkürzungen gehalten.

Zu den Höhen hinauf

In der Anfangszeit der Luftfahrt gab es einen Pionier namens Handley Paige.[38] Er flog häufig nach Indien. Auf einem dieser Flüge machte er eine Zwischenlandung auf einem Feld. Nachdem er sich eine Weile ausgeruht hatte, kehrte Paige in sein Flugzeug zurück und startete. Er war noch nicht lange geflogen, da hörte er ein Nagen hinter sich. Er wußte sofort, was geschehen war. Während der Pause auf dem Feld war eine Ratte ins Flugzeug geklettert.

Voller Entsetzen hörte Paige, wie die Ratte an wichtigen Leitungen hinter seinem Kopf nagte. Er fürchtete, sie würde das Flugzeug fluguntauglich machen und setzte zu einem Sturzflug nach unten an. In seiner panischen Angst erinnerte sich Paige plötzlich daran, daß Ratten nur bei niedrigem Luftdruck leben können. Sofort änderte er die Richtung, flog der Sonne entgegen und stieg so hoch hinauf, wie es ihm und seinem Flugzeug möglich war. Die Luft wurde dünn, so daß Paige kaum noch atmen konnte. Den ganzen Flug über behielt er die Höhe bei. Nach der Landung blickte er hinter sich und fand die Ratte. Sie war tot, erstickt in der Höhenluft.

Wenn wir uns daranmachen, unsere seelischen

Schmerzen zu bearbeiten, dürfen wir nicht vergessen, hoch zu fliegen und nah bei Gott zu bleiben. Er hat bereits alles vollbracht, was wir benötigen, um Heilung zu empfangen. Wenn wir nach Seinem Plan vorgehen, wenn wir so hoch fliegen wie möglich, wird Er sich um alles andere kümmern. Deshalb halten Sie Ihren Blick auf Ihn gerichtet, Er wird sich schon um die Ratten kümmern!

9

Die Macht der Lügen Satans brechen

„Giuseppe-Taugenichts" – so pflegte ein Fischer aus San Francisco verächtlich seinen Sohn zu nennen. Es erboste ihn maßlos, daß es seinem Jungen allein schon bei dem Geruch von Fisch übel wurde und daß sich sein Gesicht beim Anblick eines Fischerboots grün verfärbte. Daß alle anderen Brüder die Fischerei liebten, schien nicht ins Gewicht zu fallen; Giuseppe haßte die Fischerei und war nicht für diesen Beruf geeignet. Er versuchte dem Vater zu erklären, daß er durchaus bereit war, im Büro oder beim Verkauf oder Flicken der Netze zu helfen, doch der Vater war auf diesem Ohr taub. Entweder der Sohn würde auf dem Schiff arbeiten oder er war eben „Giuseppe, der Taugenichts".[39]

Doch Giuseppe konnte einfach kein Boot betreten, deshalb warf ihn der Vater eines Tages aus dem Familienbetrieb. „Sieh zu, wie du fertig wirst", meinte er.

Giuseppe war natürlich verzweifelt. Er versuchte es mit verschiedenen Jobs, trug Zeitungen aus, arbeitete als Schuhputzer und als Tellerwäscher in einem Restaurant. Jeden Pfennig, den er einnahm, lieferte er bei der Familie ab, aber da er nicht als Fischer arbeitete, blieb er für seinen Vater „Giuseppe-Taugenichts". Weil Giuseppe sich zu Hause nicht angenommen und geliebt fühlte, hielt er sich immer mehr auf der Straße auf. Dort lernte er eine Sportart kennen, die sich Schlagball nannte, und darin war er *gut*. Er war mit geschickten Händen und flinken Füßen gesegnet und konnte es beim Werfen, Laufen und Fangen mit den besten Spielern aufnehmen. Langsam nahm in seinem Herzen ein Traum Gestalt an, den er nie für möglich gehalten hätte.

Durch die Wolke der Ablehnung und ungerechten Beschuldigungen des Vaters hindurch begann Giuseppe langsam die Wahrheit zu entdecken, wer er selbst war. Er verfolgte seinen Traum weiter, überwand viele Schwierigkeiten, und als er sein Ziel endlich erreichte, hatte er mehr Erfolg aufzuweisen als alle anderen in seiner Familie. Er überzeugte sogar zwei seiner Brüder, mit der Fischerei aufzuhören und seinem Beispiel zu folgen.

Nach vielen Jahren kam der Tag, an dem Giuseppes Vaters vor Stolz weinte über die Erfolge, zu denen es sein „Taugenichts"-Sohn gebracht hatte. Weil Giuseppe sich weigerte, der Lüge zu glauben, erlebte er schließlich die Versöhnung mit seinem Vater.

Jahre später, als die Sportkarriere schon längst hinter ihm lag, konnte Giuseppe ohne Bitterkeit über die Vergangenheit lachen und erzählen, wie schmerzvoll jener Tag gewesen war, an dem der Vater ihn aus dem Fischereibetrieb geworfen hatte. Er sagte, etwas Besseres hätte ihm nicht passieren können – denn wir wissen, daß Guiseppe nicht nur durchhielt, als er aus dem Betrieb seines Vaters geworfen wurde, sondern daß er sich auch den Spitznamen „Jolin'" Joe DiMaggio verdiente, als ein über sein Leben hinausreichendes Mitglied in der Ruhmeshalle des Baseballs.

Die Lügen des Feindes bekämpfen

Täglich und ununterbrochen werden wir von verschiedensten Seiten mit falschen Anschuldigungen konfrontiert. Manche werden ohne böse Absicht von Familienmitgliedern geäußert; bei manchen handelt es sich um grausame Äußerungen von Kindern; wieder andere werden direkt vom Feind gegen uns geschleudert und dringen wie Dolche in unser Herz ein.

Ob es uns gefällt oder nicht, der geistliche Kampf spielt eine wichtige Rolle beim Empfangen und Bewahren von Heilung. Der Teufel will nicht, daß wir geheilt werden. Unser Herr hat gesagt, daß der Teufel ein Lügner und Mörder von Anfang ist, und viele seiner Lügen zielen direkt darauf, uns die Rettung und das Heil zu rauben, die Gott uns gegeben hat.

Der Apostel Paulus schrieb in 2 Korinther 10:4: „Denn die Waffen unseres Kampfes sind nicht fleischlich, sondern mächtig im Dienste Gottes, Festungen zu zerstören." In den beiden Briefen an die Korinther ging Paulus auf verschiedene Probleme der Gemeinde ein. Er wußte, daß es sich bei den Problemen nicht nur um persönlichen Ungehorsam, emotionale Probleme oder Konflikte mit Leitern handelte, sondern daß Satan dahinterstand, der mit seinen dämonischen Angriffen das Volk Gottes in die Niederlage zwingen wollte.

Es gibt keinen Christen auf dieser Erde, der nicht irgendwann einmal unter Beschuß durch Satan gerät. Satan versucht uns um jeden Preis zu verletzen, indem er seine Lügen gegen unsere Gedanken schleudert. Wenn wir nicht zu den geistlichen Waffen greifen und diese Lügengedanken zurückweisen, schlagen sie Wurzeln in unserem Verstand und nisten sich ein. Die Bibel nennt das „Festungen“ (2 Kor 10:4).

Jede Lüge, die uns davon abhält, die Liebe und Annahme Jesu zu ergreifen, ist eine solche Festung. Zu dieser Überzeugung bin ich inzwischen gekommen. Es gibt Menschen, die haben die richtige Lehre, aber dennoch ist die Wahrheit Gottes niemals in ihr innerstes Wesen gedrungen. Sie *handeln* noch immer so, als wäre das alles nicht wahr, obwohl sie jede theologische Prüfung mit eins bestehen würden. Was hindert sie daran, in der Fülle der Wahrheit zu leben, die sie glauben? In vielen Fällen sind es diese Festungen, die das verhindern.

Die Festungen können nur durch geistlichen Kampf besiegt werden.

Ein Mann ging einmal zum Arzt. Als dieser ihm die Diagnose für seine Beschwerden mitteilte, wurde der Mann ärgerlich. „Haben Sie nicht noch eine andere Diagnose?“ fragte er fordernd. Der Arzt erwiderte: „Gut, wenn Sie es wissen wollen: Sie sind außerdem noch unverschämt.“

Viele Christen wehren sich dagegen, die Wahrheit zu hören, weil die Wahrheit sie dazu auffordert, Verantwortung zu übernehmen. Im vorausgegangenen Kapitel haben wir gelernt, daß Heilung ein Prozeß ist und daß Gott uns an diesem Prozeß beteiligen will. Er könnte das alles selbst für uns machen, aber Er tut es nicht. Wir haben unseren Teil dazu beizutragen.

Dasselbe gilt für den Kampf gegen die Lügen des Feindes. Der Teufel hat unzählige Wege, um uns zu betrügen, zu belügen und unsere Gedanken anzugreifen; für uns jedoch gibt es nur einen Weg, um von Sünde befreit zu werden – durch die Übergabe unseres Lebens an den Herrn Jesus und die Annahme Seiner Gabe des Lebens, der Gnade und der Wahrheit. Wir werden nicht durch Information über die Wahrheit gerettet, sondern durch Offenbarung, die aus der Verzweiflung entspringt und zur Verwandlung führt.

Wahrheit ist die Antwort

Satans Kraft liegt in seinen Lügen. Er arbeitet nicht mit der Wahrheit, sondern mit der Täuschung. Jesus sagte, daß Satan sich nicht an die Wahrheit halten kann, „denn die Wahrheit ist nicht in ihm. Wenn er Lügen redet, so spricht er aus dem Eigenen; denn er ist ein Lügner und der Vater der Lüge“ (Joh 8:44). Satan hat keine Macht über uns, es sei denn durch seine Lügen, die wir glauben. Seine Lügen – darüber, wer wir sind oder wie wir uns verhalten müssen oder wer Gott ist – entwickeln sich zu Festungen, die uns an der Erkenntnis Christi hindern.

Da Satans Waffen gegen uns auf Lügen basieren, ist unsere einzige Verteidigung gegen ihn die Wahrheit. Neil Anderson sagt: „Wenn wir Satan entgegentreten, handelt es sich nicht um eine Konfrontation der Macht, sondern um eine Konfrontation der Wahrheit.“ [40] Wenn wir Satan die Wahrheit entgegenhalten, entlarven wir seine Lügen und gewinnen Macht über ihn.

Als Jesus einmal zu Seinem Vater im Himmel betete, sagte Er: „Ich bitte dich …, daß du sie bewahrst vor dem Bösen. Heilige sie in der Wahrheit; dein Wort ist die Wahrheit“ (Joh 17:15,17). Und Paulus sagte, daß der Weg zur Veränderung die Erneuerung unseres Sinnes sei (Röm 12:2).

Das bedeutet, daß wir alle fruchtlosen Phantasien und umherschweifenden Gedanken, die niemals unseren Glauben aufbauen können, von uns tun müssen. „Was wahrhaftig ist, was ehrbar, was gerecht, was rein, was liebenswert, was einen guten Ruf hat, sei es eine Tugend, sei es ein Lob – darauf seid bedacht", weist uns Paulus in Philipper 4:8 an.

Außerdem ist es für uns als Christen nicht nur möglich, sondern lebensnotwendig, daß wir „alles Denken in den Gehorsam gegen Christus gefangennehmen" (2 Kor 10:5). Wir müssen offensiv vorgehen und jeden Gedanken zurückweisen, der in irgendeiner Weise der Wahrheit widersprechen könnte. Prüfen Sie jeden Gedanken, der Ihnen in den Sinn kommt, mit der einfachen Frage: Baut dieser Gedanke meinen Glauben auf? Durch dieses Prüfen geben Sie dem Geist Gottes Raum, in Ihren Gedanken und Gefühlen zu herrschen. Dann können Sie die Verheißung aus Philipper 4:7 in Anspruch nehmen: „Und der Friede Gottes, der allen Verstand übersteigt, wird eure Herzen und Gedanken bewahren in Jesus Christus."

Robert McGee schreibt in seinem Buch *The Search for Significance:*

„Die Buße ist ein zweischneidiges Schwert, das wir zum Angriff einsetzen können. Die erste Schneide ermöglicht uns, falsche Überzeugungen zu erkennen und zurückzuweisen. Wenn Situationen auftreten, die bestimmte Gedanken in uns wecken und zu sündigen Reaktionen führen, müssen wir erstens ehrlich unsere Gefühle zugeben, zweitens feststellen, woher die Gefühle kommen und die falschen Überzeugungen erkennen, und drittens bewußt und entschieden die falschen Überzeugungen zurückweisen."[41]

Darum kämpfen wir gegen jede Lüge und nehmen jeden Gedanken gefangen. Wir dürfen nicht zulassen, daß irgendein Gedanke uns gefangennimmt, vielmehr müssen wir die Gedanken gefangennehmen und sie der Wahrheit darüber unterwerfen, wer Gott ist und was Er über uns als Seine Kinder sagt.

Wenn wir den Schmerz in unserem Leben überwinden wollen, betreten wir ein Schlachtfeld. Wir müssen uns dazu rüsten, für die Wahrheit zu kämpfen. Der Feind wird mit Lügen gegen uns streiten, und wenn wir nicht auf diese Art des geistlichen Kampfes vorbereitet sind, werden wir unterliegen. Nicht jede Festung des Feindes fällt in dem Augenblick, in dem wir gerettet werden. Manche Festungen bleiben bestehen, damit wir sie später mit Hilfe der geistlichen Waffen, die uns in Liebe von Gott zur Verfügung gestellt sind, zerstören können.

Was ist eine Festung?

Wir wollen versuchen, den Begriff der Festung noch deutlicher zu definieren. Eine Festung ist ein abgeriegelter Bereich in unserem Leben, in dem der Teufel gewisse Herrschaftsrechte hat. Es handelt sich um ein Gebiet, in dem wir Satan Zutritt zu unseren Gedanken gewährt haben, sei es durch Schmerz, Schwachheit, Sünde oder falsche Theologie. Es ist ein Bereich, in dem die Unwahrheit – eine Lüge – unsere Gedanken beherrscht, in dem der Teufel Zugang zu uns hat und uns angreift, weil wir seiner Lüge glauben. Es ist ein Gebiet, in dem Satan uns aktiv in einen Kampf verwickelt hat – und in dem er uns zeitweise besiegt.

Dieser Bereich hat möglicherweise Wurzeln, die bis in die Kindheit reichen. Es mögen Gewohnheiten damit verbunden sein, die sich im Laufe vieler Jahre entwickelt haben. Vielleicht sind es Eßstörungen. Oder es handelt sich um ein Problem in unserer Familie oder um Verhaltensweisen unseres alten Menschen. Eine Festung ist alles, was dem Teufel Raum gibt, uns mit seinen gemeinen Lügen anzugreifen – alles in unserem Charakter oder unseren Gefühlen, das ihm als Plattform dient, um uns von dort aus mit Äußerungen über uns selbst oder Gott zu bombardieren, die nicht wahr sind.

Einige dieser Lügen haben auch eine *emotionale* Seite. Wir glauben ihnen nicht bewußt, aber irgendwie haben wir einfach Dinge für wahr gehalten, obwohl sie falsch sind. So bildet sich in uns ein bestimmtes Glaubenssystem. Zu solchen mit Emotionen behafteten Lügen kann zum Beispiel eine tiefe, nie behobene Unsicherheit gehören oder verborgene Scham, nicht vergebene Schuld oder Angst, die sich, ohne in Frage gestellt zu werden, im Herzen festgesetzt hat. Alles das sind emotionale Ausgangspositionen, die dem Feind eine Plattform geben, von der aus er uns darin bestärken kann, Lügen über Gottes Meinung über uns und Sein Wesen zu glauben.

Nehmen wir einmal an, daß wir in der Kindheit Ablehnung erfahren haben. Der Feind könnte nun zu uns sagen: „Hast du jemals wirklich bedingungslose Annahme erfahren? Niemals!“ Durch diese Worte versucht er, nicht nur unser Vertrauen zu Menschen, sondern auch zu dem lebendigen Gott zu untergraben.

Oder angenommen, Sie wären mißbraucht worden. Der Feind lügt: „Du kannst niemand mehr vertrauen. Mach nur nicht den Fehler, einem Mann dein Vertrauen zu schenken." Das Ziel des Feindes besteht nicht nur darin, Ihr Vertrauen zu Männern im allgemeinen zu untergraben, sondern in Ihnen ganz konkret Zweifel an Ihrem Vater im Himmel zu wecken. Auch das ist eine Festung.

Es gibt auch Lügen, die den *Bereich der Theologie betreffen,* mit denen der Feind den Charakter Gottes angreift. Satan flüstert: „Gott ist nicht immer treu. Es gibt bestimmte Dinge, die Er nicht vergibt." Oder: „Du mußt dieses und jenes tun. Wenn du es nicht tust, nimmt Gott dich nicht an." Manchmal erkennen wir zwar mit dem Verstand, daß es sich hier um Lügen handelt, aber unser Herz fürchtet, daß diese Lügen vielleicht doch wahr sind.

Andere werden vielleicht versucht, das Werk Christi am Kreuz zu bezweifeln. „Du gehörst nicht zu den Auserwählten", lügt Satan. „Du kannst unmöglich dazugehören! Sieh doch, was du gerade getan hast. So etwas würde ein richtiger Christ niemals tun." Wenn wir diese Ängste unausgesprochen mit uns herumtragen, greifen sie unsere Seele an. Es dauert nicht lange, dann bezweifeln wir allen Ernstes, ob Gott uns vergeben hat.

Manchmal setzt sich eine Lüge, die den Bereich der Theologie betrifft, in unserem Herzen fest, weil wir eine Enttäuschung erlebt haben. Vielleicht haben wir gemeint, Gott hätte uns etwas Bestimmtes verheißen, fühlten uns dann jedoch im Stich gelassen. Eine solche

Enttäuschung untergräbt unser Vertrauen zu Seiner Zusage, daß Er uns als Kinder annimmt, uns eine neue Identität schenkt und uns alle Schuld vergibt. Der Feind gebraucht solche Festungen, um weitere Lügen über Gottes Charakter zu verbreiten.

Und dann sind da noch die Lügen, die *in unseren Gedanken auftauchen,* und die der Feind direkt dort hineinspricht, gräßliche, kurze Sätze oder Gedanken, die aus dem Nichts auftauchen. Er murmelt: „Du darfst geistlichen Leitern niemals vertrauen. Sie sind wie die Fernsehevangelisten. Unterstell dich nur nicht einer geistlichen Autorität – schon gar nicht Gottes Autorität. Wie könntest du Ihm vertrauen? Er ist nicht hier. Außerdem kann Er, was du jetzt durchmachst, sowieso nicht verstehen." Oder: „Du bist nicht gut genug. Du bist dumm. Du bist nicht schön genug. Du bist ein Versager. Am besten, du gibst gleich auf."

Solche Festungen – geistiger, emotionaler oder theologischer Art – können sich wie ein Stein auf den anderen aufbauen, bis schließlich eine große Burg mit dicken, unüberwindbar scheinenden Mauern dasteht. Die Festungen stehen zwischen uns und der Erkenntnis Christi, wie es in der Bibel heißt. Sie müssen als solche erkannt und dann zerstört werden.

Wie kann man eine Festung erkennen?

Als Grundregel läßt sich sagen, daß man eine Festung nur entdecken kann, wenn man die Wahrheit kennt und diese Wahrheit damit vergleicht, was man in seinem eigenen Leben vorfindet. Die meisten Festungen lassen sich in eine der drei folgenden Kategorien einteilen:

1. Eine Festung ist alles, was im Widerspruch zu den Aussagen des Wortes Gottes über uns steht

Alles, was wir über uns glauben, sich jedoch nicht im Einklang mit der Bibel befindet, ist eine Lüge. Homosexualität ist zum Beispiel eine Festung. Eine junge gläubige Frau vertraute mir an: „Ich bin lesbisch." Die Sünden der Vergangenheit plagten sie. Ihr innerer Kampf war so heftig, daß sie meinte, nur dadurch Frieden zu finden, daß sie die Waffen streckte und einfach akzeptierte, lesbisch zu sein. Ich sagte ihr: „Das hat nichts damit zu tun, was Sie *sind*, sondern damit, was Sie *getan haben.*"

Gott hat uns als Mann und Frau geschaffen. Wenn wir uns nicht männlich oder weiblich *fühlen*, so sind wir es dennoch von Geburt an.

Ich halte es nicht für einen Zufall, daß der Epheserbrief das Thema des geistlichen Kampfes so ausführlich behandelt (Eph 6:10-18). Warum ist das nicht überraschend? Weil die ersten Kapitel eine tiefe Offenbarung darüber enthalten, wer wir in Christus sind. In diesen Kapiteln bekräftigt Paulus immer wieder, daß wir unsere Identität und Sicherheit allein in Christus finden. Natürlich kann der Feind eine solche Wahrheit nicht unangefochten hinnehmen! Deshalb weist uns Gott in Kapitel 6 mit besonderem Nachdruck auf den geistlichen Kampf hin, mit dem wir rechnen müssen.

Sie können davon ausgehen, daß Sie gegen die Lügen des Feindes im Hinblick auf Ihre Identität, Ihren Wert und Ihr Erbe kämpfen müssen. Er will Ihnen rauben, was Ihnen gehört – oder besser gesagt, Sie davon abhalten, es zu empfangen. Lassen Sie nicht zu, daß seine Bemühungen von Erfolg gekrönt sind. Bekämpfen Sie seine Lügen mit der Wahrheit des Evangeliums!

2. Eine Festung ist alles, was den Charakter Gottes schlechtmacht

Ein Freund von mir machte in seinem zweiten Jahr am theologischen Seminar eine sehr schwierige Zeit durch. Er stand unter großem Druck, und schließlich reagierte sein Körper auf den Streß. Es wurde von Woche zu Woche schlimmer mit ihm, bis er schließlich ernsthaft krank war. Gleichzeitig regten sich bei ihm auf einmal schreckliche Zweifel an der Person Gottes. *Was ist, wenn Gott gar nicht so gut ist, wie Er behauptet? Was ist, wenn Er voller Bosheit ist? Was ist, wenn Er über mich lacht? Ich lasse mich für den geistlichen Dienst zurüsten, und jetzt belohnt Er mich mit Krankheit? Was ist, wenn Er gar nicht gütig und freundlich ist, sondern ein allmächtiger Teufel?*

Haben Sie auch schon einmal solche Gedanken gehabt? Haben Sie jemals Gottes Güte, Liebe und Treue in Frage gestellt? Haben Sie schon jemals gedacht, daß Gott Ihnen vielleicht nicht die ganze Wahrheit über sich offenbart hat ... daß es da noch verborgene Seiten Seines Charakters gibt, die Er niemandem offenbart, bis es zu spät ist?

Falls Sie solche Gedanken kennen, sind Sie nicht allein. Das erlebt jeder von uns irgendwann einmal. Diese Taktik wendet Satan sehr häufig an: Er stellt Gottes Charakter in Frage. Auch im Garten Eden machte er nichts anderes: „Ja, sollte Gott gesagt haben? ... Ihr werdet keineswegs des Todes sterben, sondern Gott weiß: an dem Tage, da ihr davon esset, werden eure Augen aufgetan, und ihr werdet sein wie Gott und wissen, was gut und böse ist" (Gen 3:1,4-5). Satans Strategie gegen Eva bestand darin, ihr Zweifel daran einzuflüstern, was Gott gesagt hatte – und auch bei uns hat er damit Erfolg. Das wiederum führte dazu, daß Eva Gottes Liebe anzweifelte.

Wenn Satan uns dahin bringen kann, daß wir seinen Lügen glauben und Gottes Wahrheit bezweifeln, hat er gewonnen. Und wir haben verloren. Wir können uns gegen diese Lügen nur wehren, wenn wir die Wahrheit über Gottes Charakter kennen und uns weigern, von dieser Wahrheit abzurücken, selbst wenn die Umstände in uns Zweifel wecken wollen. Satan gelang es, Eva glauben zu machen, Gott sei ein Lügner. Wir kennen die Auswirkungen, sie sind bis heute sichtbar. Was wäre gewesen, wenn Eva an der Wahrheit festgehalten hätte? Welch völlig andere Welt hätten wir dann heute!

3. Eine Festung ist jede Lüge darüber, was Christus für uns getan hat, damit wir Kinder Gottes werden können

Der Teufel greift liebend gern unsere Zuversicht an, daß Christus für uns gestorben ist. Er hat nichts dagegen, wenn wir glauben, daß Jesus die Welt liebt und für die Erlösung aller Menschen gestorben ist – solange er in uns Zweifel daran säen kann, daß wir zu „allen Menschen“ gehören.

Es kommen viele Menschen zu mir in die Seelsorge, die in großer Not sind, weil sie nicht glauben können, daß Jesus auch ihnen vergibt. Sie meinen, sie wären zu schmutzig. Zu sündig. Zu schlimm. Zu verdorben. Sie haben ein Kind abgetrieben. Sie haben Ehebruch begangen. Sie haben die „Sünde begangen, die nicht vergeben werden kann“. Sie haben ihre Errettung verloren.

Aber die Wahrheit des Evangeliums gilt immer noch: „Das ist gewißlich wahr und ein Wort, des Glaubens wert, daß Jesus Christus in die Welt gekommen ist, die Sünder selig zu machen, unter denen ich der erste bin“ (1 Tim 1:15).

Die Bibel sichert uns zu, „daß Christus für uns gestorben ist, als wir noch Sünder waren“ (Röm 5:8). Wenn der Feind beginnt, die Tatsache der Liebe Gottes zu uns und den Erlösungstod Christi in Frage zu stellen, auch wenn wir gerade mit einer Sünde zu kämpfen haben, dann sollten wir wissen, daß er versucht, eine Festung in unseren Gedanken aufzubauen. Wir müssen ihm sofort widerstehen.

Wenn es uns schwerfällt, das Geschenk der Gnade Gottes und der Annahme als Sein Kind anzunehmen, können wir sicher sein, daß der Feind Festungen in unserem Herzen und in unseren Gedanken errichtet hat. Wenn wir feindselige Gefühle gegen den Herrn hegen, wenn Unglaube in unserem Herzen, wenn Rebellion gegen Seine Herrschaft vorhanden ist, wenn wir Seinem Wort mißtrauen, wenn wir zögern, wirklich an unsere neue Identität zu glauben, wenn wir Gottes Liebe, Güte, Heiligkeit und Vertrauenswürdigkeit anzweifeln, dann können wir sicher sein, daß der Feind am Werk war, daß er uns Lügen eingeflüstert hat, daß er versucht hat, Festungen in unserem Leben zu errichten. Wenn wir merken, daß wir immer wieder falsch handeln und unser Leben an bestimmten Stellen schlechte Früchte hervorbringt, können wir sicher sein, daß die Ursache dafür eine Festung des Feindes in uns ist.

Wie man Festungen zerstören kann

Wie können wir nun Festungen zerstören? Wie bei jedem Kampf benötigen wir auch hier Waffen. Was sind das für Waffen? Da es sich um einen geistlichen Kampf handelt, benötigen wir geistliche Waffen. Zu diesen Waffen gehört das Wort Gottes, das Kennen und Bekennen des Wortes Gottes, das Erlösungswerk Christi am Kreuz, das Bekennen der Wahrheit im Blick auf Gott und Seinen Charakter, das ehrliche Eingestehen unserer Schwächen, der Lobpreis Gottes (besonders inmitten einer Krise), und Widerstand gegen Satan und seine Lügen durch den Glauben an Gott.

Wie können wir diese Waffen einsetzen? Folgende Punkte sind wichtig:

1. Die Verzweiflung muß uns dazu treiben, Gott um Hilfe anzuflehen

Es gibt Christen, die einfach nur das Vorhandensein einer Festung bemerken; andere Christen jedoch reißen eine solche Festung nieder. Der Unterschied zwischen beiden besteht in der Verzweiflung. Verzweiflung ist von Dringlichkeit gekennzeichnet; es ist die Weigerung, das Bestehen der Festung hinzunehmen. Sie führt dazu, daß man betet, daß man Satan und seinen Lügen widersteht (Jak 4:7) und beschließt, sich um jeden Preis an die Wahrheit zu halten.

Mehrmals in meinem Leben habe ich zum Herrn gesagt, daß ich ein Mann der Wahrheit sein möchte, ganz gleich, was es kostet. Ich habe Gott ausdrücklich gebeten, alles zu tun, was nötig ist, um mich in das Bild Seines Sohnes zu verwandeln. Dieser Entschluß ist viele Male geprüft worden, aber ich bin nach wie vor entschlossen, ein Mann der Wahrheit zu sein.

2. Wir müssen Gott bitten, uns zu zeigen, wodurch die Lüge des Feindes in uns Raum gewinnen konnte

Welchen Ausgangspunkt benutzt der Feind, um uns seine Unwahrheiten ins Ohr zu flüstern? Welches Fundament hat er errichtet, auf dem er seine Lügen aufbauen kann? „Niemand liebt dich. Niemand kümmert sich um dich. Niemand denkt an deinen Geburtstag." Bitten Sie Gott, Ihnen die vielen kleinen Gedanken zu zeigen, die an Ihrem Wertgefühl und Ihrer Würde nagen. Was ist der Auslöser dafür, daß Ihnen solche Gedanken kommen? Ein Gefühl der Angst, des Zorns, der Schuld oder der Scham? Verfolgen Sie dieses Gefühl bis zu seinem Ursprung, so können Sie festellen, wodurch der Feind Raum gewonnen hat.

3. Wenden Sie sich von der Lüge ab

Sobald Sie erkannt haben, um welche Lüge es sich handelt, bekennen Sie vor Gott, daß Sie dieser Lüge geglaubt haben. Bitten Sie den Herrn Jesus dafür um Vergebung, setzen Sie Ihr Vertrauen auf das, was Gott sagt, und sprechen Sie diese Wahrheit aus. Die Lügen, die wir zurückweisen müssen, können sehr einfach lauten:

- Gott kann mich nicht gebrauchen. Wer bin ich schon?
- Ich bin so häßlich, ich bin für niemand attraktiv. Wie kann jemand wie ich das Evangelium verkündigen?
- Es ist bestimmt mein Fehler, daß meine Eltern sich nicht lieben.
- Mein Vater war Alkoholiker, deswegen werde ich bestimmt auch eines Tages zum Trinker.
- Meine Mutter hat uns verlassen. Tief innen weiß ich, daß ich eines Tages auch meine Familie verlassen werde.
- In meiner Familie ist in jeder Generation Selbstmord vorgekommen. Ich bin sicher, daß mein Leben auch so enden wird.
- Ich weiß, daß Gott zu anderen spricht, ihnen Weisung gibt und ihnen hilft, aber ich glaube nicht, daß ich das auch erleben kann.

* Andere Christen können Bibelverse auswendig lernen, ich nicht. Ich bin dumm. Ich bin ein Versager.

Wenden Sie sich von diesen Lügen ab und glauben Sie, was Gottes Wort über Sie sagt. Es gibt keine Situation, die hoffnungslos wäre, es sei denn, Sie beschließen, daß es so ist. Nehmen Sie jede einzelne Lüge Satans, die Sie geglaubt haben, und suchen Sie ganz konkret nach einer Erwiderung auf der Grundlage der Wahrheit. Stellen Sie sich jedesmal auf diese Wahrheit, wenn die Lüge in Ihren Gedanken erneut auftaucht.

4. Empfangen Sie Gottes Liebe und Annahme

Jesus ist unser Erbe. Er ist unser Freund, unser Ratgeber und Retter. Er ist es, der uns vergibt. Er ist die Wahrheit, auf der wir stehen. Nehmen Sie sich doch kurz Zeit, um über einige der „Ich-bin"-Aussagen Christi nachzusinnen, die sich in den Evangelien finden. Lernen Sie die Verse auswendig, die etwas mit Ihrem Leben oder Ihrer Situation zu tun haben. Halten Sie sich vor Augen, daß Christus alles das für uns ist:

* „Ich bin sanftmütig und von Herzen demütig; ihr werdet Ruhe finden für eure Seelen" (Mt 11:29).
* „Ich bin bei euch alle Tage bis an der Welt Ende" (Mt 28:20).
* „Ich aber bin unter euch wie ein Diener" (Lk 22:27).
* „Ich bin das Brot des Lebens. Wer zu mir kommt, den wird nicht hungern; und wer an mich glaubt, den wird nimmermehr dürsten" (Joh 6:35).

- „Ich bin das Licht der Welt. Wer mir nachfolgt, wird nicht wandeln in der Finsternis, sondern wird das Licht des Lebens haben“ (Joh 8:12).
- „Ich bin's nicht allein, sondern ich und der Vater, der mich gesandt hat“ (Joh 8:16).
- „Ich bin die Tür; wenn jemand durch mich hineingeht, wird er selig werden und wird ein- und ausgehen und Weide finden“ (Joh 10:9).
- „Ich bin der gute Hirte. Der gute Hirte läßt sein Leben für die Schafe“ (Joh 10:11).
- „Ich bin Gottes Sohn“ (Joh 10:36).
- „Ich bin die Auferstehung und das Leben. Wer an mich glaubt, der wird leben, auch wenn er stirbt“ (Joh 11:25).
- „Ich bin der Weg, die Wahrheit und das Leben; niemand kommt zum Vater als nur durch mich“ (Joh 14:6).
- „An jenem Tage werdet ihr erkennen, daß ich in meinem Vater bin und ihr in mir und ich in euch“ (Joh 14:20).
- „Ich bin der Weinstock, ihr seid die Reben. Wer in mir bleibt und ich in ihm, der bringt viel Frucht“ (Joh 15:5).

Jesus streckt Ihnen in diesem Moment Seine ausgebreiteten Arme entgegen. Er lädt Sie ein, Ihn und alles, was Er für Sie ist, anzunehmen, es zu ergreifen, davon zu leben und darin stark zu werden. Es handelt sich dabei nicht um Wunschdenken, sondern um die Wahrheit. Allein auf diesem Weg können Sie die emotionale Heilung erfahren, die Gott Ihnen so gern schenken möchte.

Der Kampf gegen alte Gewohnheiten

Von jungen Christen habe ich schon häufig die Äußerung gehört: „Seit ich Christ geworden bin, ist das Leben viel schwieriger." Das liegt unter anderem daran, daß die alten Gewohnheiten der Befriedigung des eigenen Ichs, denen wir uns früher ungefragt und bereitwillig hingegeben haben, nun vom Heiligen Geist aufgedeckt werden. Jetzt lesen wir im Wort Gottes, hören biblische Lehre und erkennen, daß wir so leben sollen, wie es Gott gefällt. Im Licht der Wahrheit werden die Gewohnheiten unseres alten ichsüchtigen Lebens aufgedeckt. Nur wenn die alten Verhaltensweisen überwunden und neue Gewohnheiten der Gerechtigkeit eingeübt werden, kann man wachsen und reifen.

Ein Christ sagte einmal: „Wenn du einen Gedanken säst, erntest du einen Entschluß; wenn du einen Entschluß säst, erntes du eine Gewohnheit; wenn du eine Gewohnheit säst, erntest du einen Charakter; wenn du einen Charakter säst, erntest du ein Schicksal."

Es ist erstaunlich, wie schnell sich Gewohnheiten bilden. Ich glaube, daß es in wenigen Tagen geschehen kann; andere meinen, es dauere ungefähr sechs Wochen. Wie dem auch sei, es ist in jedem Fall eine kurze Zeit. Wenn man eine schlechte Gewohnheit lange genug einübt, gibt man dem Feind dadurch Raum, eine Lüge in die Gedanken einzupflanzen.

Ich habe einen australischen Freund mit Namen Rod. Als Rod noch sehr klein war, nahmen seine Eltern einen Cousin von ihm auf, der geistig zurückgeblieben war. Seine Behinderung war sehr stark, und es kam immer wieder vor, daß der Cousin Rod beschimpfte. Weil sich Rods Eltern viel Zeit für den Cousin nehmen mußten, entstand in Rod der Gedanke, daß seine Eltern ihn nicht liebten. Wenn heute jemand unfreundlich zu Rod ist oder ihm einen kritischen Blick zuwirft, wird in ihm sofort die schmerzliche Erinnerung an das Zusammenleben mit dem Cousin wach, und er ist immer noch versucht zu glauben, er sei nicht geliebt. Erst als Rod sich bewußt der Situation stellte und seinen Eltern und jenem Cousin vergab, konnte er die Wahrheit der Liebe und Annahme Gottes empfangen und auch glauben, daß Gottes Liebe durch ihn zu anderen gelangt. Es hatte sich um eine Festung in seinem Leben gehandelt.

Neil Anderson hilft uns anhand eines Beispiels, diese Zusammenhänge zu verstehen. Angenommen, ein Vater mit drei Sohnen, achtzehn, dreizehn und neun Jahre alt, wird Alkoholiker. „Wenn der Vater abends betrunken und aggressiv nach Hause kommt, ist der älteste Sohn groß genug, sich zu schützen. Er sagt zu seinem Vater: ‚Wehe, wenn du mich anrührst, dann wirst du was erleben.‘ Der zweite Sohn ist noch nicht stark genug, sich gegen den Vater zur Wehr zu setzen, deshalb versucht er in klassischer Weise, seinem Vater alles recht zu machen. Er begrüßt ihn mit den Worten: ‚Hallo, Papa, wie geht es dir? Kann ich dir irgend etwas bringen?‘ Der jüngste Sohn ist einfach gelähmt vor Angst. Wenn der Vater nach Hause kommt, macht er sich aus dem Staub und versteckt sich im Schrank oder unter dem Bett. Er geht seinem Vater aus dem Weg und vermeidet jeden Streit.“ [42]

Anderson erklärt, daß sich die Verhaltensprägung dieser drei Jungen später zu einem Fundament entwickelt, auf dem sich feste Verhaltensformen bilden. Daraus wiederum entwickeln sich Festungen des Feindes. Anderson schreibt: „Durch die ständige Verteidigungshaltung der drei Jungen gegen den aggressiven betrunkenen Vater entwickelt sich ein festes Verhaltensmuster. Wenn diese Jungen zehn Jahre später aggressivem Verhalten begegnen, wie werden sie reagieren? Der Älteste wird kämpfen, der Mittlere wird beschwichtigen, der Jüngste wird davonlaufen.“ [43]

Anderson sagt nicht, daß die Reaktion so aussehen *muß*, vielmehr erklärt er, daß die jungen Männer immer wieder versucht sein werden, auf diese Weise zu reagieren. Er fährt fort: „Sie haben gelernt, auf aggressives Verhalten in dieser Weise zu reagieren. Die tief verwurzelten Denk- und Reaktionsmuster haben zum Aufbau gedanklicher Festungen geführt.“ [44]

Es sei noch einmal an unsere Definition erinnert: Eine Festung ist jede Lüge des Feindes im Blick auf unser Handeln; eine Festung ist jeder Glaubensinhalt, der uns davon abhält, die Wirklichkeit und Kraft Christi zu erfahren. Bei dem ältesten Sohn ist die Festung Feindseligkeit, beim mittleren ist es Manipulation; und beim jüngsten Sohn bildet Angst eine Festung. Nur wenn diese Festungen erkannt, zerbrochen und durch die Wahrheit Christi ersetzt werden, können die drei Männer die vollkommene emotionale Heilung erfahren, die Gott ihnen schenken möchte.

Das Ziel: Freude an Gott

Wir sind dazu geschaffen, in Gemeinschaft mit Gott zu leben; das ist Sein Ziel für uns. John Piper hat es so ausgedrückt: „Das Hauptziel des Menschen besteht darin, Gott zu verherrlichen, *indem* er allezeit seine Freude an Gott hat.“ [45]

Von Geburt an gibt es jedoch eine Fülle von Beziehungen, Umständen, Ereignissen, Orten und erlittenen Erfahrungen, die eine ganz andere Sprache sprechen: daß wir nämlich von Gott nicht gewollt sind und daß wir an Ihm keine Freude haben können. Weitere, unterschiedlich starke Einflüsse sind Bücher, die wir lesen, Filme, die wir anschauen, Musik, die wir hören und traumatische Erlebnisse, mit denen wir konfrontiert werden. In vielen davon wird sehr nachdrücklich die Lüge geäußert, daß wir keine Gemeinschaft mit Gott erfahren können, daß wir uns nicht allezeit an Ihm erfreuen können und daß wir Sein Ziel für unser Leben nicht erfüllen können. Wir haben unser Leben sogar so eingerichtet, daß wir dem Schmerz, den solche Erfahrungen mit sich bringen, aus dem Weg gehen. Wir haben uns eine Haltung zugelegt, die uns hilft, uns mit dem Ersatz zufriedenzugeben, anstatt ein Leben in der Abhängigkeit von Jesus und Seiner Gnade zu führen.

Wenn wir zum Glauben an Christus kommen, werden unsere Sünden abgewaschen, aber Gott übernimmt nicht automatisch die Herrschaft über unsere Gedanken; Er zwingt uns nicht, nur noch Gedanken zu haben, die Ihm gefallen. Obwohl es der Wirklichkeit entspricht, daß Er uns zu Seinen geliebten Kindern gemacht hat, zweifeln wir manchmal daran, ob die Aufnahme in Gottes Familie echt und hundertprozentig bedingungslos ist.

Unsere Aufgabe besteht darin, diesen Prozeß zu unterstützen; unsere Gedanken sollen immer mehr die Wirklichkeit davon widerspiegeln, was mit uns geschehen ist. Wenn wir lernen, unser Vertrauen auf den Herrn zu setzen, werden unsere Gefühle zunehmend in Übereinstimmung mit unseren Gedanken kommen. Entscheidend ist, daß wir bei diesem Prozeß unseren Willen einsetzen.

Wenn ein Mann zum Beispiel Streit mit seiner Frau hat, sich abgelehnt und mißverstanden fühlt und bitter ist, steht er leicht in der Versuchung, eine andere Frau zu begehren. Er könnte jetzt seinen Blick auf eine schöne Frau werfen, sich aufreizende Fotos oder einen entsprechenden Film anschauen und wäre dadurch leichter verführbar, eine andere Frau zu begehren als vor dem Streit. Er muß jetzt auf der Hut sein, um nicht nachzugeben. Er kann den Kampf zum Bespiel dadurch ausfechten, daß er die geistliche Waffe der Wahrheit ergreift. Er kann im Licht wandeln vor dem Herrn.

Er kann sich sofort an den Herrn wenden und sagen: „Herr, meine Frau hat mir wehgetan, aber ich weigere mich, jenen Gedanken Raum zu geben, die mir einflüstern wollen, ich könnte in dieser Situation nur durch eine andere Frau oder durch das Anschauen von Fotos anderer Frauen getröstet werden. Ich beschließe, die Wahrheit zu glauben. Ich beschließe, mich an der Frau zu erfreuen, die Du mir gegeben hast. Und ich vertraue Dir, daß Du unsere Beziehung wieder heil machst."

Auf diese Weise weist der Mann die Versuchung und

die Lüge zurück, er müsse eine Sünde begehen, um Trost zu finden. Sein Handeln ist eine gezielte Bekämpfung alter Gewohnheit und Lebensweise. Dadurch ist er Sieger im geistlichen Kampf.

Nimm die Festung ein!

Mary hatte nach dem Abschluß ihres Studiums eine Arbeitsstelle angenommen. Sie war leitende Mitarbeiterin in einer großen Firma, doch hatte einen sehr ungerechten Chef. Die schwierige Situation weckte in ihr schmerzliche Erinnerungen an früheres Fehlverhalten geistlicher Leiter gegen sie. Mary hatte angefangen, einiges davon zu glauben, was ihr Chef ihr vorwarf – daß sie unehrlich sei, aufsässig und verantwortungslos. Inzwischen konnte sie nicht mehr objektiv reagieren; sie war unfähig, sich selbst einzuschätzen und zu unterscheiden, ob sie wirklich Fehler bei der Arbeit beging oder ob ihre Arbeit in Ordnung war.

Bei unserem ersten Gespräch war sie sehr aufgewühlt. Ich hörte ihr zu und stellte Fragen, um die Situation besser zu verstehen, eine Sicht für Gottes Handeln in ihrem Leben zu bekommen und zu erkennen, was Er mit dieser Situation in ihrem Leben vielleicht bewirken wollte.

Schon bald wurde mir deutlich, daß Mary sich mit allen Kräften gegen das Vorgehen ihres Chefs wehrte. Sie war voller Zorn. Als ich sie fragte: „Was denken Sie, das Gott Ihnen zeigen will?“ und „Was denken Sie, wie Ihre Reaktion aussehen sollte?“, bekam ich nur einen

Schwall von Ausreden zur Antwort. Zornig schilderte sie das schlimme und ungerechte Verhalten ihres Chefs und die schwierigen Umstände. Ich versuchte Mary zu vermitteln, daß ich sie verstehen konnte. Ich empfand echtes Mitgefühl; die ganze Geschichte klang *wirklich* sehr ungerecht.

Doch als ich schließlich vorsichtig meine Frage wiederholte: „Was denken Sie, das Sie nach dem Willen Gottes tun sollten?“, antwortete Mary nur mit den Lügen des Feindes. „Das kann ich nicht. Ich konnte noch nie vergeben. Ich habe noch nie einem Menschen sagen können, daß sein Verhalten ungerecht ist.“ Ich wollte sie nicht bedrängen, aber ich versicherte ihr, daß sie mit Gottes Hilfe nicht Sklave ihrer Gefühle ein mußte. Und ebensowenig müßten die Worte ihres Chefs darüber bestimmen, was sie über sich selbst und ihren Lebensweg dachte. Ich betonte, daß Gottes Pläne für diese Situation weit über eine vordergründige Lösung hinausgingen und daß sie durch den Gehorsam gegen Gott befähigt würde, Sieger in diesen Umständen zu sein.

Irgendwann im Lauf des Gesprächs gelangten wir endlich an den Punkt, an dem Mary glauben konnte, daß Gott ihr helfen würde. Sie erkannte die Festung, die über sie geherrscht hatte, verwies diese aus ihrem Leben und richtete ihre Gedanken bewußt auf Gottes Wahrheit über sie selbst und ihre Reaktionen. Mary ging zu ihrem Chef und sprach mit ihm über sein Verhalten und die dadurch bei ihr ausgelösten Gefühle. Sie ließ ihn auch wissen, daß sie ihm vergeben habe.

Für Mary war es eine ungeheuer befreiende Erfahrung, sich ehrlich den eigenen Gefühlen zu stellen, sich mit der falschen Haltung und dem ungerechten Verhalten ihres Chefs zu befassen und ihm schließlich zu vergeben. Gottes Wirken war in ihrem Leben deutlich sichtbar. Er half ihr, die Festungen niederzureißen, die sie gefangen hielten.

Keine Festung Satans kann der Wahrheit standhalten. In der Finsternis sehen alle Festungen mächtig und uneinnehmbar aus, doch im hellen Licht des Evangeliums Christi zerfallen sie wie Burgen aus Spinngewebe. Wir sind durch den Glauben gerechtfertigt, und darauf müssen wir unser Vertrauen setzen. Wir müssen nicht darauf vertrauen, daß wir erfolgreiche Geschäftsmänner, Spitzensportler oder die großen Stimmungsmacher sind. Es kann sein, daß wir das sind, aber wir müssen nichts dergleichen vorweisen, um uns sicher zu fühlen.

Unsere Sicherheit liegt allein in Christus. Und Er hat überall in Seinem Reich Schilder errichtet mit der Aufschrift: „Festungen verboten!“ Wir müssen nur darauf achten, daß wir die Schilder nicht entfernen!

10

Den sprechenden Frosch küssen

Militärpfarrer David Brown schritt an einer Reihe Abram-Panzer und M2-Bradely-Kampffahrzeugen entlang, als plötzlich die Botschaft durch den Äther schallte.[46] *Er war zusammen mit anderen Soldaten seiner Einheit im Irak stationiert und wartete auf den Befehl zum Angriff gegen eine Republikanische Elite Division während der Operation Wüstensturm. Eine aufgeregte Stimme tönte über Funk: „Achtung, Achtung! Wir haben einen Mann verloren."*

Brown kletterte sofort in einen Panzer. Er wollte nicht nur den Bericht besser hören können, sondern suchte auch Schutz davor, was möglicherweise auf sie herabregnen würde. Es herrschte allgemeine Verwirrung. Hatte der Feind einen Angriff gestartet?

Trotz eines allgemeinen Wirrwarrs von Stimmen und starken Störungen im Sender verstand der Pfarrer, daß ein Soldat in ihrer Nähe an irakischen Bunkern vorbeigegangen war und sich plötzlich eine Explosion ereignet hatte. Es sah so aus, als wäre der Soldat in ein Minenfeld geraten. Brown sprang sofort vom Panzer und lief durch das Minenfeld, um den verwundeten Soldaten zu retten. Als er eintraf, hoben bereits einige Männer den Verwundeten in einen Lazarettwagen. Der Soldat sah an Browns Uniform, daß er Pfarrer war, und rief: „Bitte, Herr Pfarrer, begleiten Sie mich!"

Dieser stieg ein und verzog das Gesicht bei dem Anblick, der sich ihm bot: der Oberschenkelknochen war bloßgelegt, darunter ein blutiger, zerfetzter Beinstumpf. Brown versuchte, den Mann zu trösten; er betete für ihn und blieb bei ihm, bis sie den Hubschrauberplatz erreicht hatten. Von dort aus wurde der Soldat in ein Krankenhaus geflogen. Der Pfarrer mußte sich erst einmal setzen; er weinte und fragte sich, ob er mehr hätte tun können.

Etliche Wochen später wurde Brown von der Kompanie, zu der der verwundete Soldat gehörte, zu einem Dinner eingeladen. Der Soldat war auch zugegen. Er saß im Rollstuhl und begrüßte seine Freunde. Zögernd ging Brown auf ihn zu, erneut überwältigt von dem Gefühl der Hilflosigkeit. Doch es gab keinen Grund zur Angst. Der Soldat fuhr auf Brown zu und erklärte: „Vielen Dank, Herr Pfarrer, daß Sie da waren. Ich habe Ihr Gebet gebraucht. Ohne Sie hätte ich es nicht geschafft."

Und dabei hatte Brown nichts anderes getan, als der Bitte des verwundeten Soldaten zu folgen, ihn auf der Fahrt zu begleiten. Mehr hatte der Soldat nicht gewollt: jemand, der inmitten seiner Schmerzen bei ihm war.

Mehr wünschen sich die meisten Menschen nicht: jemand, der inmitten der Schmerzen bei ihnen ist. Es muß nicht Krieg herrschen, und es ist auch nicht wichtig, daß Sie Pfarrer sind. Menschen mit Schmerzen sehnen sich nach *Ihnen*, nach Ihrer Anwesenheit, nach Ihrem Verständnis.

Die Gefahr, zu sehr nach Liebe zu suchen

Es besteht die Gefahr, die Aufmerksamkeit *zu stark* auf Gottes heilende Liebe zu richten. Es ist möglich, sich so einseitig darauf zu konzentrieren, was Gott für uns tun kann, daß man regelrecht „selbstsüchtig nach Liebe" wird. Ein gesundes Verständnis der Liebe Gottes jedoch führt uns immer dazu, anderen zu dienen. Echte Liebe ist in ihrem Kern selbstlos. Sie gibt sich selbst hin. Wenn wir die heilende Kraft der Liebe Gottes in Wahrheit verstehen und umsetzen, werden wir von dem Wunsch getrieben, sie an andere weiterzugeben. *Gott heilt uns, damit wir in die Welt hinausgehen und Werkzeuge der Heilung für andere Menschen werden.*

Was für ein trauriger Anblick ist ein Christ, dessen gesamtes Denken sich darauf konzentriert, was er von Gott bekommen kann. „Rette mich, heile mich, erfülle mich, befreie mich – damit ich hier sitzen und mich allezeit an Dir freuen kann." Nein! Das ist nicht das Ziel der heilenden Liebe Gottes. Wenn es uns drängt, anderen davon zu erzählen, was Christus für uns getan hat, wenn wir andere mit Gottes Augen sehen können, wenn wir frohen Herzens bereit sind, anderen zu dienen, ohne Anerkennung dafür zu bekommen, dürfen wir wissen, daß wir auf dem Weg zur wahren Heilung sind.

Es macht mich traurig, wenn ich sehe, welchen Einfluß der Kult des Egos in unserer heutigen Wohlstandsgesellschaft hat. Natürlich ist es wunderbar, was Gott alles für uns getan hat; natürlich ist es gut, Menschen zu helfen, daß sie von sündigen Gewohnheiten frei werden. Und natürlich ist die Erkenntnis hilfreich, daß wir nicht nur Sünder sind, sondern daß auch andere an uns gesündigt haben. Doch wenn wir diese Wahrheiten überbetonen, geraten wir in eine extreme, unreife und ungesunde Haltung.

Vor einigen Jahren sah ein Verkehrspolizist von Los Angeles County einen braunen Cadillac El Dorado, der neben einem Verbotsschild im Parkverbot stand.[47] Der Polizist füllte pflichtbewußt einen Strafzettel über dreißig Dollar aus und klemmte ihn hinter den Scheibenwischer. Dem Mann, der hinter dem Steuerrad saß, schenkte er keine Beachtung. Vielleicht war der Polizist verwundert, daß sich der Fahrer weder entschuldigte noch beschwerte, noch einen Finger krümmte, um den Strafzettel zurückzuweisen.

Das hatte seinen guten Grund: Der Mann war tot! Er war zehn bis zwölf Stunden zuvor mit Schüssen in den Kopf getötet worden, der Körper jedoch saß immer noch aufrecht, steif wie ein Brett, leicht nach vorn gebeugt. Auf dem Gesicht waren Blutspuren zu sehen. Der Polizist war so mit seinem Tun beschäftigt gewesen, daß er nichts Außergewöhnliches bemerkte hatte, wie er später berichtete. Er stieg in seinen Wagen und fuhr davon.

So makaber diese Geschichte auch ist, man kann anhand dieses Beispiels eine wichtige Wahrheit für die Gemeinde Jesu deutlich machen. Viele Menschen sterben um uns her in Sünde und Schmerz, doch wir haben keine Augen für ihre Not. Statt ihnen zu helfen, sind wir nur damit beschäftigt, ihre Fehler und Übertretungen aufzulisten. Während sie im Sterben liegen, füllen wir Strafzettel für falsches Parken aus.

Getröstet, um zu trösten

Abgesehen von dem Herrn Jesus selbst gibt es wohl niemand im Neuen Testament, der so viel litt und so viel Schmerz erlebte wie der Apostel Paulus. Schon bei seiner Bekehrung sprach der Herr von ihm: „Ich will ihm zeigen, wieviel er leiden muß um meines Namens willen" (Apg 9:16).

Die Apostelgeschichte berichtet zwar von einigen dieser Leiden, doch Paulus' eigene Darstellung ist in gewisser Hinsicht noch aufschlußreicher. In zwei bemerkenswerten Abschnitten im zweiten Korintherbrief gibt er einen autobiographischen Bericht über die Leiden, in denen sich die Vorhersage des Herrn erfüllte:

„Sondern in allem erweisen wir uns als Diener Gottes: in großer Geduld, in Trübsalen, in Nöten, in Ängsten, in Schlägen, in Gefängnissen, in Verfolgung, in Mühen, im Wachen, im Fasten, in Lauterkeit, in Erkenntnis, in Langmut, in Freundlichkeit, im Heiligen Geist, in ungefärbter Liebe, in dem Wort der Wahrheit, in der Kraft Gottes, mit den Waffen der Gerechtigkeit zur Rechten und zur Linken, in Ehre und Schande; in bösen Gerüchten und guten Gerüchten, als Verführer und doch wahrhaftig; als die Unbekannten, und doch bekannt; als die Sterbenden und siehe, wir leben; als die Gezüchtigten, und doch nicht getötet; als die Traurigen, aber allezeit fröhlich; als die Armen, aber die doch viele reich machen; als die nichts haben, und doch alles haben" (2 Kor 6:4-10).

„Ich habe mehr gearbeitet, ich bin öfter gefangen gewesen, ich habe mehr Schläge erlitten, ich bin oft in Todesnöten gewesen. Von den Juden habe ich fünfmal erhalten vierzig Geißelhiebe weniger einen; ich bin dreimal mit Stöcken geschlagen, einmal gesteinigt worden; dreimal habe ich Schiffbruch erlitten, einen Tag und eine Nacht trieb ich auf dem tiefen Meer. Ich bin oft gereist, ich bin in Gefahr gewesen durch Flüsse, in Gefahr unter Räubern, in Gefahr unter Juden, in Gefahr unter Heiden, in Gefahr in Städten, in Gefahr in Wüsten, in Gefahr auf dem Meer, in Gefahr unter falschen Brüdern; in Mühe und Arbeit, in viel Wachen, in Hunger und Durst, in viel Fasten, in Frost und Blöße; und außer all dem noch das, was täglich auf mich einstürmt, und die Sorge für alle Gemeinden" (2 Kor 11:23-28).

Als ob das noch nicht genug sei, berichtet der Apostel nur ein Kapitel später davon, daß ein „Bote Satans", „ein Stachel im Fleisch" gesandt sei, „der mich mit Fäusten schlägt" (2 Kor 12:7). Dreimal bat er den Herrn, ihn von dieser Qual zu befreien, aber der Herr erhörte ihn nicht. Der Stachel sollte bleiben. Soweit wir wissen, mußte Paulus bis zu seinem Tod weiter an diesem quälenden Stachel leiden.

In Anbetracht dieser Aussagen wird wohl niemand bestreiten können, daß der Apostel durchaus wußte, was Leiden heißt. Wer wollte ihm absprechen, daß er aus eigener Erfahrung und mit Autorität über den Umgang mit Schmerz sprechen konnte!

Und dieser Paulus schrieb die Worte: „Nun freue ich mich in den Leiden, die ich für euch leide, und erstatte an meinem Fleisch, was an den Leiden Christi noch fehlt, für seinen Leib, das ist die Gemeinde" (Kol 1:24). Dieser Paulus schrieb die Worte: „Denn euch ist es gegeben um Christi willen, nicht allein an ihn zu glauben, sondern auch um seinetwillen zu leiden, habt ihr doch denselben Kampf, den ihr an mir gesehen habt und nun von mir hört" (Phil 1:29-30).

Niemand, wirklich niemand, kann bestreiten, daß Paulus mit Leid vertraut war. Und deshalb sind die Worte zu Beginn des zweiten Korintherbriefs meiner Meinung nach von ungeheurer Aussagekraft:

„Gelobt sei Gott, der Vater unseres Herrn Jesus Christus, der Vater der Barmherzigkeit und Gott allen Trostes, der uns tröstet in aller unserer Trübsal, damit wir auch trösten können, die in allerlei Trübsal sind, mit dem Trost, mit dem wir selber getröstet werden von Gott. Denn wie die Leiden Christi reichlich über uns kommen, so werden wir auch reichlich getröstet durch Christus" (2 Kor 1:3-5).

Das ist bemerkenswert. Ausgerechnet der Brief, in dem der große Apostel von vielen Leiden berichtet, beginnt mit der Aussage, daß Gott uns in unserem Schmerz tröstet, damit wir andere in ihrem Schmerz trösten können.

Paulus litt in einem Ausmaß, wie viele von uns sich das nie werden vorstellen können, wurde in seinem Leid jedoch auch getröstet. Damit gab er sich aber nicht zufrieden. Er erkannte, daß der Herr ihn nicht nur um seiner selbst willen getröstet hatte. Vielmehr konnte er sich nun anderen Menschen, die die unendlich große Barmherzigkeit Christi benötigten, zuwenden und sie seinerseits trösten.

Wie können wir nun leidenden Menschen Gottes Trost zusprechen? Wie können wir Gottes Zuspruch, den wir bei eigenen schmerzvollen Erfahrungen erlebt haben, einsetzen, um damit anderen zu dienen? Ich glaube, daß unser Dienst sehr einfach ist und zwei Gesichtspunkte beinhaltet. Wenn wir den Heilungsprozeß anderer Menschen begleiten, gilt folgendes zu beachten:

1. Wir müssen *erkennen,* was Gott im Leben des anderen tut.
2. Wir müssen dem anderen helfen, mit Gott *zusammenzuarbeiten.*

Kurz gesagt, geht es um nichts weiter. Es ist sehr einfach: *erkennen* und *zusammenarbeiten.* Gott ist es, der letztlich den Trost bringt. Wir können die Probleme der anderen nicht lösen, wir können ihnen keinen Frieden schenken. Eines jedoch können wir tun, damit der andere Gottes Trost erfährt, wir können uns ein Bild davon machen, was im Leben des anderen vor sich geht und ihm dann helfen, seine Zusammenarbeit mit Gott zu unterstützen. Innerhalb dieses Rahmens will ich einige Richtlinien nennen, die helfen, daß Gottes Trost durch uns in das Leben der leidenden Menschen gelangen kann.

Ein Werkzeug der Heilung werden

Folgendes muß beachtet werden, wenn man ein wirklich brauchbares Instrument der Heilung in Gottes Händen sein will:

1. Keine Kompromisse mit der Sünde eingehen

Es ist wichtig, Sünde genauso zu benennen, wie Gott es tut. Scheuen Sie sich nicht davor, die Werke des Fleisches mit denselben Begriffen zu beschreiben wie die Bibel. In Galater 5:19-21 verwendet Paulus starke Ausdrücke, um gottloses Handeln zu beschreiben: Selbstsucht, Eifersucht, Zorn, Unzucht, Ehebruch, Zauberei, Haß, Uneinigkeit, Neid, Trunksucht. Paulus nahm die Sünde ernst, und deshalb schrieb er in Galater 5:21: „Davon habe ich euch vorausgesagt und sage noch einmal voraus: die solches tun, werden das Reich Gottes nicht erben." Diese Worte schrieb Paulus an Christen, wie er auch in 1 Korinther 6:9-10 und Epheser 5:5 an Christen schrieb. Wenn es um Sünde geht, sollten wir uns immer auf Gottes Seite stellen.

Wir müssen darauf achten, daß wir uns nicht durch den Schmerz eines Menschen beeindrucken lassen, daß unser Mitleid mit dem anderen, mit seinen Problemen und den schwierigen Umständen nicht dazu führt, daß wir sein Verhalten entschuldigen. Manchmal versuchen wir sozusagen gnädiger als Gott zu sein, nur um dem anderen Mitgefühl zu zeigen. Manchmal jedoch muß man streng sein; auch das ist ein Ausdruck von Liebe. Wenn wir dem anderen diese Form der Liebe schuldig bleiben und seine falschen Reaktionen entschuldigen, verhindern wir seine Heilung.

Natürlich ist es wichtig, daß wir uns zu dem anderen in seinem Schmerz stellen und für das, was er durchmacht, Mitgefühl haben. Wir sollten den anderen auf keinen Fall anpredigen. Aber wir müssen vor Augen haben, daß Gott auch einen zutiefst verletzten Menschen noch für sein Handeln verantwortlich macht. Wir können das im Leben von Michal und ihrem Vater Saul erkennen.

Keine Familie war so problembeladen wie diese, und Saul war ein Meister darin, Entschuldigungen für die eigene Sünde zu finden.

In 1 Samuel 13:11-12 brachte Saul unerlaubterweise ein Opfer dar und gab dann seinen eigenen Männern und Samuel die Schuld dafür: „Ich sah, daß das Volk von mir wegzulaufen begann, und du kamst nicht zur bestimmten Zeit ... da wagte ich es und opferte Brandopfer."

Später, als Saul Gottes Gebot, die Feinde vollkommen zu vernichten, mißachtete und den besten Teil der Beute verschonte, schob er die Schuld auf die Soldaten: „Von den Amalekitern hat man sie gebracht; denn das Volk verschonte die besten Schafe und Rinder, um sie zu opfern dem Herrn, deinem Gott; an dem andern haben wir den Bann vollstreckt ... Aber das Volk hat von der Beute genommen Schafe und Rinder, das Beste vom Gebannten, um es dem Herrn, deinem Gott, zu opfern in Gilgal" (1 Sam 15:15,21).

Saul, obwohl hochgewachsen und ansehnlich (1 Sam 9:2), war unsicher und hatte mit Minderwertigkeitsgefühlen zu kämpfen. Er war jähzornig (1 Sam 19:9-10, 20:33, 22:17) und extrem eifersüchtig (1 Sam 18:8-9). Mit anderen Worten, es fehlte ihm an seelischer Stabilität. Sauls Tochter Michal wuchs in dieser Atmosphäre auf, und dennoch machte Gott Saul und Michal für ihr Verhalten verantwortlich. Michal wurde zur Verantwortung gezogen ...

- obwohl sie ein schwieriges Zuhause hatte;
- obwohl sie wie ein Preis an David übergeben wurde, als dieser die Philister getötet hatte (1 Sam 18:27);
- obwohl David sie verließ, als er aus Jerusalem floh (1 Sam 19:11-13);
- obwohl David nicht direkt nach seiner Rückkehr zu ihr ging, sondern einen Boten schickte und sie zur Rückkehr zwang. Während seiner Abwesenheit hatte Michal einen anderen Mann geheiratet, und die Bibel berichtet von dem traurigen Vorfall, als der neue Ehemann Paltiel Michal weinend folgt, die mit Gewalt fortgetrieben wird, um wieder bei David zu sein (2 Sam 3:12-16).

Michal – verletzt, verbittert, im Stich gelassen, vielleicht unfähig, das tiefe Leid, das sie empfand, in Worte zu fassen – überhebt sich gegen David ... und Gott zieht sie dafür zur Verantwortung (2 Sam 6:20-23). In der Bibel heißt es, sie „hatte kein Kind bis an den Tag ihres Todes“ (Vers 23).

Bitte, mißverstehen Sie mich nicht. Ich will auf keinen Fall die Bedeutung einer mitfühlenden Haltung schmälern. Folgendes will ich jedoch deutlich machen: Wir können keine Kompromisse mit der Sünde schließen, weil Gott uns für unser Handeln und unsere Reaktionen zur Verantwortung zieht. Wir müssen die Sünde beim Namen nennen. Wenn es um Sünde geht, müssen wir uns immer auf Gottes Seite stellen.

2. Ein weiser Zuhörer sein

Jede Geschichte hat zwei Seiten, und es ist gut, sich beide Seiten anzuhören. Mehr als einmal schon habe ich mich verleiten lassen, mich ganz auf die Seite eines weinenden, verletzten Menschen zu stellen, der mir erzählte, wie schrecklich eine andere Person war. Wenn ich Erkundigungen einzog und die beschriebenen Ereignisse nachprüfte, fand ich oft heraus, daß der verwundete Mensch sehr übertrieben hatte; manchmal war es sogar reine Einbildung, was andere Menschen gedacht, gesagt oder getan haben sollten. Natürlich gab es auch Fälle, in denen Menschen wirklich sehr verletzend handelten, doch ich identifizierte mich oft so sehr mit der verletzten Person, daß ich nicht mehr objektiv war. Wenn man einem Menschen, der verletzt worden ist, zuhört, darf man nie vergessen, daß jede Geschichte zwei Seiten hat.

Wichtig ist, darauf zu achten, die richtigen Fragen zu stellen; Sie sollten Ihr Gegenüber nicht zur Verleumdung verleiten. Stellen Sie keine Fragen, die den anderen in seinem Urteil über eine Person bestärken. Ihre Fragen sollten neutral sein, ausgewogen und offen. Fragen Sie: „Was?“, „Warum?“, „Wann?“ und „Wie?“. Machen Sie es nicht wie der Anwalt bei Gericht, der mit dem Finger auf den Zeugen wies und mit seinen Fragen geschickt zu manipulieren versuchte: „Es entspricht doch der Wahrheit, daß Sie Ihren Schirm gegen diesen Herrn – meinen Mandanten – richteten, als Sie ihm begegneten, oder nicht? Beantworten Sie die Frage einfach mit ja oder nein. Und es entspricht doch der Wahrheit, daß Ihr Schirm eine Metallspitze hat, nicht wahr? Beantworten Sie einfach nur die Frage, mein Herr, ja oder nein. Und es entspricht doch der Wahrheit, daß mein Mandant sich von Ihnen angegriffen fühlte, oder? Bitte antworten Sie einfach nur mit ja oder nein. Nun, mein Herr, wäre es da nicht vorstellbar, daß mein Mandant sich dazu gedrängt fühlte, sich verteidigen zu müssen? Schließlich haben Sie, ein über zwei Meter großer Mann, ihn mit einem Schirm, der eine Metallspitze besitzt, angegriffen."

Ob Sie es glauben oder nicht, diese gerade beschriebene Gerichtsszene hat sich tatsächlich so ereignet; ich habe sie selbst erlebt. Vor etlichen Jahren erwischte ich einen Dieb, der in mein Büro eingebrochen war. Zur Verteidigung griff ich nach einem Schirm und hielt ihn auf den Einbrecher gerichtet. Der Einbrecher stand nur wenige Schritte mit gezücktem Messer vor mir. Er blickte mich an, hob die Hand mit dem Messer zum Wurf, als ich ihn anbrüllte: „Raus! Ich will nichts von Ihnen! Raus hier!" Der Dieb rannte zur Tür und direkt in die Arme der Polizei, die gerade eingetroffen war. Später mußte ich bei der Gerichtsverhandlung als Zeuge aussagen. Der Anwalt des Einbrechers rief mich in den Zeugenstand und versuchte die Geschichte so zu verdrehen, als hätte *ich* den Dieb mit dem Schirm angreifen wollen!

Es ist sehr wichtig, daß wir beim Zuhören objektiv bleiben. Stellen Sie keine Fragen, auf die man mit ja oder nein antworten kann und die der Unterstellung Vorschub leisten, ein anderer Mensch wäre schuld an allen Problemen. „Wollen Sie damit sagen, Ihr Vater hätte Sie geschlagen?" „Ist das mehr als einmal geschehen?" „Hat der Vater Ihres Vaters dasselbe erlebt?" Ihre Fragen sollten vielmehr so lauten: „Wie sahen die Umstände aus?", „Wie haben Sie reagiert?", „Womit haben Sie zu kämpfen?"

Darüber hinaus sollten Sie vermeiden, Fragen zu stellen, die den Betreffenden dazu verleiten, Vermutungen über die Motive anderer Personen anzustellen. Wir können niemals wissen, aus welchem Motiv jemand gehandelt hat; solche Fragen führen schnell dazu, andere zu richten. Ziel des Fragens sollte sein, die Fakten herauszufinden und dem verletzten Menschen zu helfen, die eigenen Gefühle zu benennen und die eigenen Reaktionen zu erkennen.

Irgendwann im Laufe des Gesprächs sollte man den anderen fragen, wie seiner Meinung nach Gottes Handeln aussieht: „Was hat Gott Ihnen in dieser Sache schon gezeigt?" „Was denken Sie, welche Reaktion Gott bei Ihnen sehen möchte?" „Was haben Sie aus dem Wort Gottes gelernt?" „Welchen Rat haben andere Christen Ihnen hinsichtlich dieser Situation oder hinsichtlich dieses Menschen schon gegeben?" „Was haben Sie aus dem, was Sie durchgemacht haben, gelernt?" „Was würden Sie das nächste Mal anders machen?"

3. Versuchen Sie nicht, für andere Menschen Gott zu sein; Sie eignen sich nicht dazu

Es gibt bestimmte Dinge, die nur Gott im Leben eines Menschen tun kann. Wenn wir versuchen, das zu übernehmen, was nur Gott tun kann, werden wir jämmerlich versagen. Darüber hinaus verleiten wir die Menschen dazu, sich von uns abhängig zu machen anstatt vom Herrn.

Unsere Aufgabe besteht darin, dem verletzten Menschen zuzuhören, seinen Schmerz ernst zu nehmen, ihm Hoffnung zuzusprechen und ihm dann zu helfen, seinen Blick auf Gott zu richten und auf das, was Er in Seinem Wort sagt. Wenn der hilfesuchende Mensch auf Gott hört, Seine Worte empfängt und tut, was Gott ihm zeigt, wird eine gesunde Abhängigkeit vom Herrn selbst entstehen und nicht von uns.

Wir dürfen nicht vergessen, daß Gott im Leben jedes Menschen, der hilfesuchend zu uns kommt, bereits am Werk ist. Gott hat im Leben des anderen gewirkt, bevor Sie ihn kennengelernt haben, Gott wirkt im Leben des anderen, während er sich bei Ihnen in der Seelsorge befindet, und Gott wird im Leben des anderen weiterwirken, selbst wenn Sie keinen Kontakt mehr mit demjenigen haben.

Wenn Sie mit einem verletzten Menschen seelsorgerliche Gespräche führen, seien Sie sich der Möglichkeit bewußt, von Ihrem Gegenüber manipuliert zu werden. Ich habe schon sehr früh gelernt, niemals die Verantwortung für das Handeln des anderen zu übernehmen. Ich muß mir das immer wieder selbst sagen, gerade wenn ich Menschen mit Selbstmordgedanken vor mir habe.

Die extremste Form der Manipuliaton lautet: „Wenn du mir nicht hilfst, bringe ich mich um.“ Einmal mußte ich einer Person ganz deutlich erklären: „Wenn Sie das tun, ist es Ihre Entscheidung. Ich bin nicht dafür verantwortlich. Ich will nicht, daß Sie sich das Leben nehmen, und ich hoffe auch, daß Sie es nicht tun. Ich würde Ihnen gern helfen. Aber wenn Sie sich umbringen, ist das Ihre Entscheidung, und es ist keine Lösung für Ihre Probleme.“

Therapeuten raten, daß man einen selbstmordgefährdeten Menschen ernst nehmen und ihm das auch sagen soll. Fragen Sie, wie oft er schon über Selbstmord nachgedacht hat; ob er bereits einen Selbstmordversuch unternommen hat. Bieten Sie dem Menschen an, ihn an einen erfahrenen Seelsorger zu vermitteln. Einige Menschen, die bei mir in der Seelsorge waren, haben tatsächlich versucht, sich das Leben zu nehmen. Eine Person ist dabei gestorben. Doch die Verantwortung für einen solchen Entschluß liegt nicht bei uns. Wir können nicht mehr tun, als wir tun können; wir sind für andere Menschen nicht Gott.

Ein Seelsorger warnte mich einmal: „Floyd, sage nie zu einem Menschen: ‚*Wir* werden diese Selbstmordgedanken schon überwinden.' Denn damit sagst du gleichsam, daß du eine Mitverantwortung für die Entscheidung des anderen übernommen hast. Das ist nicht möglich. Du kannst nur sagen: ‚Ich möchte Ihnen helfen. Sie selbst können den Schritt tun. Sie können Sieger sein in dieser Situation.'"

Wir sind nicht Gott. Wir sollten bereitwillig die Verantwortung übernehmen, den anderen zu ermutigen und ihm zu helfen, aber wir können ihm nicht die Verantwortung für seine Entscheidungen abnehmen.

4. Eine Atmosphäre der Gnade und Wahrheit schaffen

Der Apostel Johannes schrieb folgendes über Jesus: „Und von seiner Fülle haben wir alle genommen Gnade um Gnade. Denn das Gesetz ist durch Mose gegeben;

die Gnade und Wahrheit ist durch Jesus Christus geworden" (Joh 1:16-17).

Wir selbst sind nicht die Quelle der Gnade und Wahrheit, aber wir können helfen, eine Atmosphäre zu schaffen, in der Menschen Gnade und Wahrheit von Jesus Christus empfangen können. Wir müssen deutlich machen, daß der andere, auch wenn er Fehler gemacht hat, daraus lernen darf, daß er Fragen stellen, anderer Meinung sein und seine Gefühle ehrlich ausdrücken darf. Wenn wir Menschen die Freiheit einräumen, gegen sich selbst, gegen andere und gegen Gott ehrlich zu sein, schafft das die besten Voraussetzungen. Es hilft dem Ratsuchenden, die Gnade zu empfangen, die Gott ihm geben, und die Wahrheit zu hören, die Gott ihm durch Jesus Christus schenken will. Wenn eine liebevolle und ehrliche Atmosphäre vorhanden ist, kann das offene Ansprechen von Fehlverhalten und falschen Einstellungen dem anderen Sicherheit geben.

Einen anderen Menschen aufrichtig zu lieben, bedeutet nicht nur, ihn in den Arm zu nehmen und angenehme Gefühle in ihm zu wecken. Manchmal besteht wahre Liebe darin, daß wir uns mit dem anderen hinsetzen und ehrlich über die Folgen seines Verhaltens sprechen. Ich habe schon oft zu Menschen sagen müssen: „Was du gesagt hast, hat mich verletzt. Wenn du mich weiter so verletzt, mag ich nicht mehr in deiner Nähe sein." Durch eine solche Reaktion versuche ich dem anderen zu helfen, Verantwortung für sein Verhalten zu übernehmen und ihn zu der Erkenntnis zu bringen, daß auch andere Menschen Gefühle haben. Dadurch weise ich den anderen liebevoll auf sein Fehlverhalten hin. Ich versuche es so zu machen, daß der andere weiß, unsere Freundschaft steht nicht grundsätzlich auf dem Spiel, sondern er kann damit rechnen, daß ich ihn weiterhin annehme, aber daß ich auch ehrlich zu ihm bin.

In unserem Schulungszentrum in Colorado leite ich einen Kurs für junge Leute unter dreißig Jahren mit dem Potential zur Leiterschaft. Diese Studenten äußern immer wieder: „Bitte, gib mir ein Feedback. Sag mir, wie du mich einschätzt. Leite mich an. Ich möchte wissen, wie ich in meiner Begabung als Leiter wachsen kann."

Ich habe festgestellt, daß die jungen Leute es zu schätzen wissen, wenn ich ehrlich mit ihnen bin, wenn ich sie nicht nur ermutige, sondern auch sage: „Ich denke, ich kann dir helfen, deine Aufgabe als Teamleiter noch besser durchzuführen (oder die Planung der Evangelisation am Wochenende oder die Leitung der Bibelstunde oder des Lobpreisgottesdienstes)." Mir selbst geht es genauso. Ich weiß ehrliche, konstruktive Kritik zu schätzen, weil es mir hilft, eine Sache besser zu machen und zu wachsen. Den anderen liebevoll und ehrlich zu korrigieren, schafft Sicherheit und hilft uns zu wachsen.

Kürzlich sprach ich mit einem der jungen Studenten aus meinem Kurs. Er benutzte sehr stark eine „fromme Sprache". Wenn er redete, wimmelte es nur so von „Hallelujas", „Preis dem Herrn" und so weiter. Eines Tages versetzte ich ihm regelrecht einen Schock: „Harry, ich habe ein wenig Probleme mit deiner hemmungslosen Ausdrucksweise."

„Was meinst du damit?" fragte er ganz erschrocken.

Ich erwiderte: „Du benutzt ständig christliche

Schlagworte." Ich blickte ihn freundlich an, er war verwirrt, aber er merkte, daß ich ihm etwas Wichtiges mitteilen wollte.

„Bitte erkläre mir, was du meinst", sagte er.

„Also, ich bin mir nicht sicher, ob du bestimmte Worte, die du sehr häufig gebrauchst, wirklich so meinst. Es sind wichtige Worte wie „Halleluja" und „Preis dem Herrn"; du führst sie ständig im Mund – wenn du nervös bist, wenn du von etwas begeistert bist – ich frage mich nur, ob du jedesmal meinst, was du sagst. Ich vermute sogar, daß es manche Leute abschreckt, besonders Nichtchristen."

Er nickte langsam mit dem Kopf und antwortete: „Weißt du was, ich glaube, du hast recht."

Seitdem hat sich seine Sprechweise sehr verändert. Ich ließ ihn ausdrücklich wissen, daß ich überhaupt nichts gegen ihn persönlich hatte, sondern daß ich mich als seinen Freund betrachtete. Wenn wir zusammen vorwärtskommen wollen, ist diese Art von Feedback für uns als Brüder und Schwestern in Christus von großer Bedeutung.

5. Professionelle Hilfe in Anspruch nehmen, wenn uns eine Sache zu schwer ist

Ich rufe häufig befreundete Seelsorger an, um sie um Rat oder um ihre Meinung zu fragen, wenn ich merke, daß ich weder die Zeit noch die Fähigkeiten habe, einem Ratsuchenden zu helfen. Sie sollten eine Liste mit den Namen guter und christlicher Seelsorger und Therapeuten zur Hand haben. Wenn dann jemand mit einem Problem zu Ihnen kommt, das Ihnen zu groß ist, können Sie ihm mit gutem Gewissen den Namen eines kompetenten Fachmanns nennen.

6. Niemals den „Gottesfaktor" unterschätzen!

Wenn wir Menschen mit Problemen helfen – sei es Ehescheidung, Beziehungsprobleme, Alkoholimus, Mißbrauch jeder Art oder etwas anderes –, sind wir von der Not manchmal so überwältigt, daß wir vergessen, daß Gott selbst in der schlimmsten Not helfen kann. Er hat einen Mörder namens Mose errettet, einen Ehebrecher namens David und einen Verfolger namens Paulus – und Er hat sogar Sie und mich gerettet! Das sollte uns große Hoffnung für andere Menschen geben.

Ein Bekannter von mir fuhr die Autobahn entlang und beklagte sich beim Herrn darüber, daß andere ihn kritisiert hatten. Er sagte: „Herr, sie haben sogar Lügen über mich verbreitet." Er erzählte mir, daß ihm plötzlich wie ein Blitz die Antwort des Herrn durch den Kopf schoß: „Mein Sohn, sei nur froh, daß sie nicht die Wahrheit über dich wissen."

Gott hat uns alle unsere Sünden vergeben. Es gibt keinen Menschen, dem Er nicht vergeben, keine Situation, in der Er nicht helfen könnte.

Einer meiner besten Freunde ist ein Mann namens John Goodfellow. In dem Buch *In den Straßen zu Hause* wird von seiner Vergangenheit berichtet: er war ein Krimineller, gewalttätig, gehörte zu einer Bande, war Alkoholiker, ein völlig unbeherrschter junger Mann.

Vor vielen Jahren kam John zu uns, weil ein junges,

nettes, neunzehnjähriges Mädchen Interesse an ihm zeigte. Sie hatte ihn zu einer Mahlzeit in unserem Evangelisationszentrum eingeladen. Er kam, weil ihm das Mädchen gefiel.

Es ist eine lange Geschichte, aber kurz gesagt, John nahm Christus an und kehrte nach Nottingham zurück. Dort lag eine Strafanzeige gegen ihn vor. Zwei Jahre lang zahlte er die Strafe ab; er war auf Bewährung freigelassen worden. In dieser Zeit führte er achtzig Freunde zum Herrn, begann mit einem kleinen Hauskreis, aus dem sich eine Gemeinde entwickelte, kehrte dann zu uns nach Amsterdam zurück, heiratete eine wunderbare junge Frau aus den Vereinigten Staaten und wurde ein Evangelist, der rund um die Welt gereist ist, um das Evangelium zu verkündigen. Zwei Jahre besuchte er dann die Columbia International University, wo er seinen Magisterabschluß machte. John sagte mir in seinem typisch britischen Akzent: „Floyd, ich hätte nie geglaubt, daß *ich* eines Tages noch Theologie studieren würde. Kannst du dir das vorstellen: ich, ein Straßenräuber, habe jetzt einen akademischen Abschluß!"

Wir können den Gottesfaktor nicht hoch genug einschätzen. Viele Menschen glauben, daß Gott doch nicht hilft. Sie meinen, daß Er, als sie sich in Not befanden, gerade spazierengegangen wäre, abwesend, fort, sie verlassen habe, sich von ihnen abgewandt. Sie glauben einfach nicht, daß Er am Werk ist, daß Er dabei ist, ihre notvolle Situation zu wenden. Wenn wir solchen Menschen helfen wollen, müssen wir uns fragen, ob wir wirklich glauben, daß Gott diese Menschen mehr liebt als wir und daß Sein Wunsch, ihnen zu helfen, größer ist als unser Wunsch.

Seit mehr als dreißig Jahren helfe ich Menschen in Not – von Drogenabhängigen über Prostituierte bis hin zu ausgebrannten geistlichen Leitern. Ich habe oft erlebt, daß Menschen einfach durch die Kraft der Liebe Gottes geheilt wurden, ohne zu wissen, warum sie verletzt waren oder wer sie verletzt hatte. Ich habe erlebt, wie sie mit tiefer Dankbarkeit auf Gottes Liebe antworteten und Verantwortung für ihr Leben übernahmen. In dem Moment, wo sie Gottes Liebe annahmen und bereit waren, Verantwortung für ihr Verhalten gegen andere zu übernehmen, fand eine erstaunliche Verwandlung statt. Sie wurden von einer neuen Würde umkleidet. Sie stellten fest, daß sie sich anderen Menschen gegenüber plötzlich völlig anders verhalten konnten.

Das ist der Gottesfaktor, und wir sollten ihn niemals unterschätzen. Er rettete John Goodfellow, und er rettete auch Sie!

Schmerz braucht keine Zuschauer

Ein älterer Mann machte einen Abendspaziergang. Er genoß die frische Abendluft und das Rauschen des Windes in den Bäumen. Da hörte er plötzlich eine Stimme: „Hilf mir, hilf mir!“ Der Mann schaute sich überall um, konnte aber niemand entdecken. Also setzte er seinen Gang fort. Erneut hörte er eine leise Stimme. Sie klang sehr schwach und weit entfernt: „Hilf mir, hilf mir!“

Diesmal schaute der Mann zur Erde und sah einen Frosch, der zu ihm aufschaute. Der Frosch rief: „Hilf mir, hilf mir!“ Der Mann hob den Frosch vorsichtig hoch und betrachtete ihn von allen Seiten. Der Frosch sagte: „In Wirklichkeit bin ich eine schöne Prinzessin. Wenn du mich küßt, werde ich wieder zur Prinzessin, und ich werde dich immer lieben."

Der Mann überlegte kurz, dann steckte er den Frosch in die Jackentasche und nahm seinen Spaziergang wieder auf. Der verwirrte kleine Frosch schaute aus der Tasche und rief: „Warum küßt du mich denn nicht?" Der alte Mann erwiderte: „Ehrlich gesagt, in diesem Stadium meines Lebens ist mir ein sprechender Frosch lieber als eine Prinzessin."[48]

Wir sollten uns davor hüten, uns aus Neugier oder als Zuschauer mit dem Leid und dem Schmerz anderer Menschen zu befassen. Gott hat uns dazu berufen, sich in das Leid der anderen hineinzubegeben – wir sollen den Frosch küssen und uns auch mit unseren Gefühlen auf den anderen einlassen. Wir dienen einem liebenden Gott, „der uns tröstet in aller unserer Trübsal, damit wir auch trösten können, die in allerlei Trübsal sind, mit dem Trost, mit dem wir selber getröstet werden von Gott" (2 Kor 1:4).

Seien Sie mutig! Küssen Sie den Frosch! Sie werden vielleicht nicht auf eine Prinzessin stoßen, aber Sie werden mit Sicherheit das Herz des Königs erfreuen.

ANMERKUNGEN

1 „Snakes Are Not for Petting", Parables, Etc., Dezember 1994, Ausg. 14, Nr. 9, S. 3.

2 Robert McGee, „The Search for Significance", Houston/Texas 1985, S. 28.

3 Es besteht Uneinigkeit darüber, ob diese Galater jüdische Konvertiten aus dem Süden oder Heiden aus dem Norden gewesen sind. Meiner Meinung nach scheint mir die zweite Möglichkeit begründeter zu sein.

4 McGee, S. 165.

5 „The Beauty Remains", The Pastor's Story File, November 1994, Ausg. 11, Nr. 1, S. 2.

6 „Too Much Comfort", The Pastor's Story File, November 1994, Ausg. 11, Nr. 1, S. 2.

7 „ABC Nightly News", Freitag, 8. April 1994.

8 Michael Azerrad, „Come As You Are: The Story of Nirvana", New York 1994, S. 354.
Tatsächlich war das der Grund, warum die Musik der Gruppe Nirvana so beliebt war. Kurt Cobaine sang aus persönlichem Schmerz, und eine Generation von Jugendlichen identifizierte sich mit ihm. Sie hörten ihren eigenen Herzensschrei, wenn sie ihn singen hörten. Einige Rockgruppen bringen Rebellion zum Ausdruck, Nirvana jedoch Schmerz.
Leider wurde Kurt Cobaine ein Opfer seiner eigenen Popularität. Er wollte nie ein Rockstar sein, besonders niemand, der vergöttert wird und auf den man sieht, um dem Schmerz von Menschen zu begegnen.

9 Larry B. Stammer, „Pastor Reveals Reasons for Resignation", The Los Angeles Times, 20. Februar 1993, S. B 1.

10 „Needs and Idols“, Christianity Today, 16. Mai 1994, S. 21.

11 Karen S. Peterson, „Is society searching for quick-fix psychotherapy?“ The Desert Sun, 26. November 1994, S. C5.

12 Robert McGee, „The Search for Significance“, Houston/Texas 1985.

13 Tim Kimmel, „Little House on the Freeway“, Portland/Oregon 1987, S. 56–59.

14 The New Bible Commentary: Revised, Hrsg. D. Guthrie, J. A. Motyer et al., Grand Rapids 1970, S. 714.

15 Siehe Jesaja 57:15.

16 Siehe 2 Petrus 3:8 sowie Psalm 90:4.

17 „Stenagmos“ in William F. Arndt and F. Wilbur Gingrich, A Greek-English Lecixon of the New Testament and Other Early Christian Literature, Chicago 1979, S. 766.

18 „Groan“, The Random House College Dictionary, Revised Edition, New York 1988, S. 582.

19 C. J. Ellicott, A New Testament Commentary for English Readers, New York o. D., S. 238.

20 „Fauvism and Expressionism“ in The Random House Encyclopedia, The Revised Third Edition, New York 1990, S. 1294.

21 „Passion for Greatness“, The Pastor's Story File, Mai 1994, Ausg. 10, Nr. 7, S. 3.

22 „Mirror Magic“, The Pastor's Story File, Mai 1994, Ausg. 10, Nr. 7, S. 2.

23 „Exploration“, The New Encyclopaedia Britannica, Bd. 19, Chicago 1988, Tafel 3, 52.

24 John MacArthur, „Our Sufficiency in Christ“, Chicago 1991, S. 25–26.

25 „When God Felt Good“, Parables, Etc., November 1994, Ausg. 14, Nr. 9, S. 3.

26 Diese Illustration und viele Einsichten über die Rechtfertigung, die in diesem Kapitel vorgestellt werden, sind der Rede von Becky Pippert auf dem Kongreß „Frauen im Dienst“ in Portland/Oregon, der vom Multnomah Bible College gesponsert wurde, entnommen.

27 David Needham, „Alive for the First Time“, Sisters/Oregon 1995, S. 83.

28 Needham, S. 83.

29 Needham, S. 85.

30 Needham, S. 88, 89.
31 Needham, S. 91, 92.
32 Peter Lord, „Turkeys & Eagles“, aus einer Gemeindeveröffentlichung, o. D.
33 Lord.
34 Lord.
35 Lord.
36 Lord.
37 Lord.
38 „Fly High“, Parables, Etc., Mai 1994, Ausg. 14, Nr. 3, S. 5.
39 „From Boat to Bat“, The Pastor's Story File, Mai 1994, Ausg. 10, Nr. 7, S. 6.
40 Neil Anderson, „The Battle for Your Mind“, Equipping the Saints magazine.
41 Robert McGee, „The Search fort Significance“, Houston/Texas 1985, S. 158.
42 Anderson, S. 18–19.
43 Anderson, S. 19.
44 Anderson, S. 19.
45 John Piper, „Desiring God“, Portland/Oregon 1986, S. 14.
46 „Ride with Me, Sir“, Parables, Etc., November 1994, Ausg. 14, Nr. 9, S. 4.
47 „When Tickets Don't Hurt“, The Pastor's Story File, Mai 1994, Ausg. 10, Nr. 7, S. 6.
48 „Don't Kiss the Frog“, Parables, Etc., Mai 1994, Ausg. 14, Nr. 3, S. 1.

Weitere Titel zum Thema:

Andrew Murray / Jonathan Edwards

Das Geheimnis christlicher Liebe

Best.-Nr. 1801, 180 Seiten, Tb.

Floyd McClung

Das Vaterherz Gottes

Best.-Nr. 600 014, 160 Seiten, Pb.

Floyd McClung

Gott versteht mich

Best.-Nr. 600 018, 46 Seiten, Pb.

Barbara Cook

Was wir Liebe nennen

Best.-Nr. 780 004, 220 Seiten, Pb.

Weitere Titel von Floyd McClung: